Mes guidances 2023

Éditions Kiwi
16, rue de Lancry, 75010 Paris

Direction : Édouard Frison-Roche
Direction éditoriale : Katia Kaloun
Édition : Marion Vergnolle
Couverture, création graphique et mise en pages : Charlotte Thomas

ISBN : 978-2-38410-025-5

Cléa Nardini
& Roxane Bertagna

Mes guidances 2023

Des thèmes astro
et exercices personnalisés
pour une année alignée

KiWi ÉSO

SOMMAIRE

INTRODUCTION

Bienvenue à toi ! Ce livre de guidance est né de deux destins liés par la passion des arts divinatoires, de l'ésotérisme et du développement personnel. Deux femmes, sœurcières et médiums que l'Univers a décidé de réunir pour créer ce joli duo : Cléa et Roxane.

Plus qu'une révélation amicale, ce fut pour nous une évidence que de donner naissance à ce beau projet afin de te guider vers le mieux-être.

Cet ouvrage t'accompagnera tout au long de cette nouvelle année, à travers des guidances trimestrielles que tu pourras retrouver en fonction de ton signe astrologique. Il propose aussi des conseils et outils avec lesquels travailler, des exercices de développement personnel concoctés avec amour, des astuces bien-être, et même une partie « witchy » pour révéler la sorcière ou le sorcier qui sommeille en toi !

Tu pourras aussi y retrouver des petits quiz et tests pour te guider et cibler ce qui peut être travaillé, afin d'avancer plus sereinement et avec confiance sur ton chemin de vie.

Nous espérons que tu prendras plaisir à découvrir ce que nous t'avons préparé.

D'ores et déjà,
nous te souhaitons une magnifique année 2023 !

Comment utiliser ces guidances ?

Qu'est-ce qu'une guidance ?

Bien qu'il n'existe pas encore dans le dictionnaire, c'est un mot qui nous tient à cœur et qui décrit plutôt bien ce que nous te proposons.

Nous nous connectons individuellement et intuitivement à chaque signe astrologique afin de découvrir les énergies présentes pour un trimestre et, en fonction de ces énergies, nous te guidons par des conseils pour appréhender au mieux ce qui t'attend pour cette année.

Tu peux donc lire ta guidance en fonction de ton signe astrologique, mais tu peux également regarder ton ascendant ou ton signe lunaire pour obtenir un complément. Et si tu ne connais pas encore tes différents signes, pas de panique, nous avons tout prévu !

Le signe astrologique, ou signe solaire, est calculé en fonction de la position du soleil au moment de ta naissance. Il symbolise ta personnalité en lien avec l'extérieur, ton interaction avec les autres. Pour connaître ton signe astrologique, réfère-toi à cette liste en fonction de ta date de naissance.

- Bélier : 21 mars – 19 avril
- Taureau : 20 avril – 20 mai
- Gémeaux : 21 mai – 21 juin
- Cancer : 22 juin – 22 juillet
- Lion : 23 juillet – 22 août
- Vierge : 23 août – 22 septembre
- Balance : 23 septembre – 23 octobre
- Scorpion : 24 octobre – 22 novembre
- Sagittaire : 23 novembre – 22 décembre
- Capricorne : 23 décembre – 20 janvier
- Verseau : 21 janvier – 19 février
- Poissons : 20 février – 20 mars

Le signe lunaire est calculé en fonction de la position de la lune au moment de ta naissance. Il représente le plan émotionnel, les ressentis, les pensées, ce qu'on ne voit pas de l'extérieur.

L'ascendant, lui, représente la manière dont on se montre aux autres, le filtre que l'on utilise, aussi bien en apparence que dans l'expression de notre personnalité profonde. Il est calculé en fonction de la position de tes maisons astrologiques au moment de ta naissance. Pour calculer ton signe lunaire ou ton ascendant, il te faut connaître ta date, ton heure et ton lieu de naissance. Nous te proposons ici quelques sites internet qui te permettront de les identifier, avant de te lancer dans la lecture de tes guidances.

- www.evozen.fr
- www.mon-horoscope-du-jour.com

Dans chaque guidance, différents outils te seront conseillés (chakras, cristaux, animaux, éléments et énergies), avec lesquels tu pourras travailler pour appliquer les conseils proposés. Dans les pages suivantes, nous allons détailler tout ce qu'il y a à savoir sur ces techniques.

Les chakras

Un chakra est un centre énergétique comparable à une roue. Nous en possédons sept principaux situés aux différents endroits de notre corps par lesquels l'énergie de vie passe. Chaque chakra a une fonction bien distincte et il est important de travailler sur eux pour retrouver un certain équilibre sur les plans physique, émotionnel ou spirituel.

Si un chakra est trop actif, ou au contraire pas assez, il peut engendrer des blocages sur certains plans. C'est pourquoi nous te proposons, pour chaque trimestre, un chakra sur lequel tu pourras travailler afin d'appliquer au mieux les conseils mentionnés dans ta guidance.

Le chakra racine

- **Couleur :** rouge
- **Position :** base de la colonne vertébrale
- **Rôle :** survie, terre
- **Alignement :** sécurité, ancrage
- **Désalignement :** peur, insécurité
- **Pierres :** jaspe rouge, tourmaline noire, grenat
- **Huiles essentielles :** clou de girofle, cannelle
- **Affirmations positives :** « je suis ancré·e », « je suis connecté·e à la Terre-Mère », « mes besoins physiques sont comblés », « je me sens en sécurité »

Le chakra racine représente ton instinct de survie, mais également ce qui te vient de tes ancêtres, ta culture et ta connexion à la Terre. Il t'encourage à structurer ta vie et à poser des bases solides pour t'apporter sécurité et stabilité.

Le chakra sacrē

- **Couleur :** orange
- **Position :** sous le nombril
- **Rôle :** création, émotions, plaisir
- **Alignement :** estime de soi et des autres
- **Désalignement :** faible estime de soi, manque de créativité
- **Pierres :** cornaline, calcite orange
- **Huiles essentielles :** ylang-ylang, orange, santal
- **Affirmations positives :** « j'honore mon corps et j'ai confiance en moi », « je ressens la joie, le plaisir et l'abondance », « j'exprime pleinement ma sexualité », « je mérite d'être heureux·se »

Le chakra sacré représente tout ce qui est lié au changement, aux relations ainsi qu'au plaisir. Il t'invite à travailler sur tes liens aux autres avec sincérité, à comprendre tout ce qu'il y a de sacré dans les relations intimes et à te laisser guider par le mouvement.

Le chakra du plexus solaire

- **Couleur :** jaune
- **Position :** creux de l'estomac
- **Rôle :** énergie, contrôle et croyances

- **Alignement :** volonté, confiance en soi
- **Désalignement :** soif de pouvoir, manque d'énergie, manque de confiance en soi
- **Pierres :** citrine, œil-de-tigre, quartz fumé
- **Huiles essentielles :** romarin, lavande, citron
- **Affirmations positives :** « je mérite qu'on m'aime, qu'on m'écoute et qu'on me respecte », « je fais confiance à mon pouvoir personnel », « j'ai confiance en moi et je suis fier·ère », « je mérite et suis capable de concrétiser mes rêves »

Le plexus solaire est la base énergétique de ta confiance en toi, de ta volonté. Il t'apporte force et résistance, mais également courage et assurance.

Le chakra du cœur

- **Couleur :** vert
- **Position :** creux de la poitrine
- **Rôle :** amour, relations, respect, créativité
- **Alignement :** aimer et être aimé, compassion
- **Désalignement :** mal aimé ou pas aimé, isolement
- **Pierres :** quartz rose, aventurine verte
- **Huiles essentielles :** rose, jasmin, géranium, estragon
- **Affirmations positives :** « j'aime, je m'aime et on m'aime en retour », « je suis en paix avec moi-même », « je suis amour inconditionnel », « l'amour me guide »

Le cœur possède une intelligence et une sagesse infinies. Il te permet de te reconnecter à ton essence, d'insuffler et de ressentir l'amour dans chaque situation. Il t'encourage à pardonner, et à avoir de la compassion pour les autres, mais aussi à accepter de recevoir en retour.

Le chakra de la gorge

- **Couleur :** bleu ciel
- **Position :** gorge
- **Rôle :** communication
- **Alignement :** clarté d'expression
- **Désalignement :** mensonges et dissimulation
- **Pierres :** calcédoine bleue, angélite
- **Huiles essentielles :** eucalyptus, menthe poivrée, camomille romaine
- **Affirmations positives :** « j'exprime clairement et librement ce que j'ai à dire », « je mérite d'être entendu·e », « j'ose exprimer mes ressentis et mes émotions »

Le chakra de la gorge est le centre énergétique qui régit la communication. Il te rappelle qu'il est important de t'exprimer, de communiquer avec sincérité et intégrité ta vérité, mais également d'écouter sans jugement.

Le chakra du troisième œil

- **Couleur :** bleu indigo
- **Position :** entre les sourcils
- **Rôle :** connaissance, clarté
- **Alignement :** compréhension, intuition
- **Désalignement :** manque de concentration, négativité
- **Pierres :** lapis-lazuli, sodalite
- **Huiles essentielles :** menthe, encens, laurier
- **Affirmations positives :** « je fais confiance à mon intuition », « j'ouvre mon esprit », « je suis lié·e à l'Univers et reçois ses enseignements », « mon imagination est illimitée »

Le chakra du troisième œil est le siège de l'âme. Il t'apprend à voir et à vivre le monde avec plus d'ouverture, sans te laisser contrôler par ton ego. Il t'encourage aussi à avoir confiance en ton intuition.

Le chakra couronne

- **Couleur :** violet
- **Position :** sommet de la tête
- **Rôle :** spiritualité
- **Alignement :** spiritualité, conscience universelle, paix intérieure
- **Désalignement :** sensation de manque, fatigue mentale
- **Pierres :** améthyste, cristal de roche
- **Huiles essentielles :** bois de rose, néroli, encens
- **Affirmations positives :** « je suis connecté·e au divin, à la Source ou à l'Univers », « je suis tout le temps guidé·e et protégé·e », « j'accepte et j'entends les enseignements du divin, de la Source ou de l'Univers »

Le chakra couronne est le vortex énergétique de la conscience et de l'union avec le divin, la Source ou l'Univers. Il t'invite à te reconnecter à cette force supérieure et à prendre conscience que tu fais partie d'un tout, que tu n'es jamais seul·e.

Comment aligner ses chakras

Les boules de lumière

Choisis le chakra que tu aimerais aligner, puis pose tes mains sur la zone à laquelle il correspond. Les yeux fermés, visualise une boule de la couleur du chakra. Puis, au rythme de tes respirations, fais-la grandir, jusqu'à ce qu'elle remplisse complètement ton corps.

Les cristaux

Tu peux t'aider des cristaux pour harmoniser tes chakras. Choisis une pierre correspondant au chakra que tu veux aligner et porte-la sur toi toute une journée ou sur la zone concernée durant une méditation, par exemple.

Les huiles essentielles

Si tu ressens le besoin d'aligner un chakra, tu peux diffuser des huiles essentielles en lien avec celui-ci pour le remplir d'énergies positives. Prends le temps de les sentir pénétrer en toi.

Les affirmations positives

Tu peux répéter les affirmations positives citées plus haut afin de t'imprégner de leurs messages et de faire vibrer leurs intentions.

Quiz

Sur quel chakra dois-je travailler en ce moment ?

Nous t'invitons à répondre aux quatre questions suivantes. Tu peux cocher plusieurs cases à chaque fois. Tu pourras ainsi déterminer quels chakras nécessitent davantage ton attention actuellement. Tu peux réaliser ce petit quiz une fois par mois ou lorsque tu en ressens le besoin, avant de faire un bilan.

1 Qu'est-ce qui me manque le plus actuellement ?

- **A** La stabilité.
- **B** La créativité et la motivation dans mes projets.
- **C** La confiance en moi.
- **D** De l'amour à donner et/ou à recevoir.
- **E** Une communication fluide et claire.
- **F** La déconnexion de mon mental, plus de sérénité dans mon quotidien.
- **G** L'intuition, l'écoute de ma petite voix intérieure.

2 En fermant les yeux et sans réfléchir, quelle couleur me vient à l'esprit immédiatement ?

- **A** Rouge ou bordeaux.
- **B** Orange.
- **C** Jaune.

D Vert ou kaki.
E Turquoise.
F Bleu marine.
F Violet.

3 Quels troubles physiques ai-je tendance à ressentir actuellement ou régulièrement ?

A Troubles de la sphère intime, problèmes rénaux, cystites ou mycoses à répétition.
B Troubles de la sphère gynécologique, de la libido, intestin irritable, lombalgies.
C Problèmes de digestion, brûlures d'estomac.
D Affections respiratoires légères.
E Problèmes de thyroïde, douleurs au cou, troubles ORL.
F Problèmes aux yeux.
G Migraines à répétition.

4 Qu'est-ce qui me semble le plus important à mettre en œuvre dans la vie ?

A Avoir une carrière brillante et être propriétaire d'une belle maison.
B Créer quelque chose de beau de mes mains, donner la vie.
C Développer une pleine confiance en moi.
D Avoir une relation amoureuse idéale et me marier.
E Donner des conférences, transmettre et m'exprimer à grande échelle.
F Être relié·e à ma spiritualité, pratiquer un art divinatoire.
G Trouver la paix intérieure.

Résultats

Tu as obtenu une majorité de A

Tu es invité·e à travailler sur ton chakra racine, celui qui se trouve à la base de ta colonne vertébrale.

Tu as obtenu une majorité de B

Tu es invité·e à travailler sur ton chakra sacré, celui qui se situe dans ta région pelvienne.

Tu as obtenu une majorité de C

Tu es invité·e à travailler sur ton chakra du plexus solaire, situé entre ton nombril et ton sternum.

Tu as obtenu une majorité de D

Tu es invité·e à travailler sur ton chakra du cœur, situé au centre de ta poitrine.

Tu as obtenu une majorité de E

Tu es invité·e à travailler sur ton chakra de la gorge, qui se trouve dans ton cou, au niveau de la gorge.

Tu as obtenu une majorité de F

Tu es invité·e à travailler sur ton chakra du troisième œil, situé entre tes deux yeux, au niveau du front.

Tu as obtenu une majorité de G

Tu es invité·e à travailler sur ton chakra couronne, situé au sommet de ta tête.

Rassure-toi, nous t'avons concocté de très chouettes exercices pour que tu puisses travailler sur tes différents chakras tout au long de l'année, en fonction de ce que tu vis et de tes problématiques ! Il ne te reste plus qu'à te lancer !

Les cristaux et la lithothérapie

Nous avions à cœur de te parler des cristaux et de leurs fabuleuses vertus, car, comme tu le sais, tout est énergie ! Les cristaux peuvent être des alliés de taille pour nous accompagner dans notre quotidien, que ce soit face à des situations précises (examen à venir, maux des transports, décès, ruptures...) ou pour travailler une problématique plus en profondeur (anxiété, stress, manque de concentration, estime de soi...). Si, comme nous, ton intérieur regorge de ces petites merveilles ou si tu es intrigué·e par cet univers, voici quelques conseils et astuces autour de la lithothérapie !

La lithothérapie utilise le pouvoir des cristaux pour soulager certains maux. Elle ne remplace évidemment pas un traitement médical, mais peut constituer un très bon complément, que ton problème soit d'ordre physique, psychosomatique ou nerveux, mais également si tu as simplement à cœur de te protéger, de travailler énergétiquement ou d'équilibrer les énergies de ton lieu de vie.

Il existe plusieurs moyens d'utiliser tes cristaux : tu peux simplement les porter sur toi, en collier, en bracelet ou même sous forme de pierre roulée à glisser dans ta poche ou dans ton sac. Par exemple, si tu sens de la négativité ou de la jalousie au travail, tu peux enfiler un bracelet en œil-de-tigre pour t'en protéger. Tu peux aussi en disposer dans ton lieu de vie. Par exemple, tu peux, comme nous, installer une tourmaline noire à l'entrée de ton logis, afin d'éloigner les énergies négatives, une shungite près de la télévision pour absorber les ondes électromagnétiques ou même déposer un quartz rose sous ton oreiller pour favoriser un sommeil réparateur et limiter les insomnies. Veille simplement à choisir le format de ta pierre en fonction de son utilisation et de son lieu de rayonnement, car plus la pièce est grande et plus la pierre devra l'être pour diffuser ses bienfaits !

Tu peux aussi utiliser les cristaux dans le cadre d'une pratique énergétique, comme la méditation, pour t'aider à travailler sur un chakra en particulier. Pour faire ton choix, réfère-toi à la couleur du chakra en question et accordes-y ta pierre. Si tu souhaites travailler ton chakra racine, par exemple, veille à choisir une pierre rouge, comme le jaspe rouge.

Nous avons répertorié dans les pages qui suivent toutes les pierres conseillées dans les guidances, ainsi que leurs précieuses vertus.

Agate arbre

Apporte force et vitalité, renforce la connexion entre ciel et terre, crée de solides racines spirituelles.

Agate du Botswana

Aide à évacuer les toxines du corps, soutient et réconforte durant un deuil, apporte de la lumière durant les phases de doutes et renforce l'aura.

Aigue-marine

Aide au lâcher-prise, favorise la communication, permet de développer la clairvoyance.

Apatite bleue

Facilite la communication positive, aide à se libérer du passé, renforce l'intellect, apporte de la vitalité.

Améthyste

Favorise la concentration, aide en cas d'insomnies, soulage et réconforte.

Aventurine verte

Catalyse la guérison des maladies psychosomatiques, aide à surmonter les peines de cœur, porte chance.

Calcédoine bleue

Favorise la communication, aide à surmonter la timidité, équilibre le yin et le yang.

Citrine

Apporte joie et entrain, éloigne la fatigue et la dépression, aide à réaliser les rêves.

Cristal de roche

Réduit la fatigue physique, stimule la mémoire et l'imagination, amplifie le pouvoir des autres pierres.

Fluorine

Fluidifie le sang, encourage à prendre son envol, favorise la concentration.

Howlite

Aide au lâcher-prise, favorise la digestion, apaise les sautes d'humeur.

Jaspe rouge

Renforce l'ancrage, apporte vitalité et courage, aide à s'ouvrir au monde.

Lapis-lazuli

Renforce la connexion intérieure et l'ouverture du troisième œil, apaise l'anxiété, lutte contre les problèmes de peau.

Obsidienne œil céleste

Facilite la digestion, aide à assumer les choix, calme les peurs, protège.

Œil-de-tigre

Aide à s'affirmer, apporte confiance en soi et protège des énergies négatives.

Onyx

Aide à soulager des traumatismes passés, rend maître·s
de son avenir, rééquilibre les problèmes d'oreille inter

Pyrite

Apporte concentration et détermination, aide à attirer l'abondance, soutient le système respiratoire et les poumons.

Quartz rose

Aide à travailler l'estime et l'amour de soi, répare les blessures du passé, diminue les insomnies et les maux de tête.

Rhodonite

Accompagne lors de périodes difficiles, répare les blessures du cœur, favorise la résolution de conflits.

Shungite

Protège des ondes électromagnétiques, aide à la neutralisation des énergies négatives, apporte ancrage et stabilité.

Sodalite

Apporte humilité, courage et fidélité, développe l'ouverture du troisième œil.

Tourmaline noire

… la circulation et renforce la musculature, augmente … d'esprit et la concentration, absorbe les énergies

… endre du recul, nettoie et purifie

Comment se connecter à un cristal ?

Il existe beaucoup de façons de bénéficier des vertus d'un cristal : en le portant sur soi, en élixir, en apposant une pierre roulée à un endroit précis... En somme, cela dépend de tes besoins et de tes envies, mais il est important de te connecter à ta pierre avant de l'utiliser.

Munis-toi du cristal de ton choix (ou de celui mentionné dans ta guidance). Prends un instant pour te connecter à lui. Il n'y a pas de bonne manière de faire, l'essentiel est que tu ressentes cette connexion.

Une fois la connexion établie, demande-lui de t'apporter ce dont tu as besoin. Tu peux le formuler de cette manière-là ou le charger d'une intention précise. Il est préférable de ne pas charger ton cristal de plus d'une intention. Enfin, remercie-le. Il est à présent chargé et prêt à t'apporter tout ce dont tu as besoin. Sois à l'écoute de tes ressentis. Il se peut qu'au bout d'un certain temps tu ne ressentes plus ses effets : cela voudra alors dire qu'il est temps pour ta pierre d'être nettoyée et rechargée.

Les animaux totems

Tu as certainement déjà entendu parler des animaux totems ou de pouvoir. En réalité, il s'agit de la même chose. L'animal totem est un guide, un esprit, qui nous accompagne de notre naissance jusqu'à la fin de notre existence. Nous pouvons découvrir le nôtre par le biais de la méditation ou de voyages chamaniques, par exemple. Chaque animal a sa propre particularité, son mode de vie, et nous pouvons, lors de certaines situations ou étapes de notre vie, faire appel à leur guidance pour nous accompagner.

Nous te proposons pour chaque trimestre de travailler sur un animal en particulier afin de bénéficier de ses enseignements. Tu pourras aussi être attentif·ve aux animaux que tu rencontres sur ton chemin. Il n'est pas impossible que, si tu croises souvent le même animal, il ait pour toi un message. Bien évidemment, ton animal de compagnie que tu côtoies tous les jours ne compte pas.

L'aigle

L'aigle t'incite à persévérer malgré les échecs, à t'adapter et à accepter les défis que l'Univers place sur ton chemin.

L’abeille

Tu as en toi bien plus de force et de courage que tu ne le crois. Et c’est quand tu en prendras conscience que tu pourras accomplir ce que tu désires dans la vie.

La baleine

Tu es invité·e à exprimer tes besoins et tes désirs avec créativité.

Le bison

Le bison t’invite à exprimer de la gratitude pour ce que tu as dans la vie. Laisse de côté ton ego et sois humble.

Le caméléon

Tout part de l’intérieur et va vers l’extérieur, voici l’enseignement du caméléon. Puise en toi les ressources nécessaires pour changer ce qui ne te convient pas à l’extérieur, et cesse de gaspiller ton énergie à chercher ailleurs les réponses qui sommeillent déjà en toi.

Le canard

Les bagages émotionnels que tu portes te ralentissent. Porte plutôt ton attention sur tes forces, libère-toi et avance avec certitude et conviction.

Le chameau

L’heure est à la célébration pour toi. Sois fier·ère de toi, honore-toi et autorise-toi à te montrer tel·le que tu es, au grand jour.

La chèvre

La chèvre est là pour te rappeler combien il est important de t'ancrer. Cela te permettra de voir au-delà des peurs, des tracas ou pensées limitantes et négatives, pour t'élever et atteindre tes objectifs.

La chouette

La chouette t'invite à creuser au plus profond de toi, à te concentrer sur ta spiritualité et à faire confiance à ton intuition pour prendre tes décisions.

La coccinelle

Tu peux créer ta propre chance, c'est le message qu'a la coccinelle pour toi. La seule chose dont tu as besoin pour obtenir ce que tu veux, c'est d'une énergie d'amour inconditionnel.

Le corbeau

Et si tu laissais entrer la magie dans ta vie ? Et si tu acceptais qu'il y a un champ des possibles plus grand, que tu ne vois pas encore, mais qui existe bel et bien ? Accueille la guérison et le changement qui s'offrent à toi.

Le crabe

Tu es la seule et unique personne qui puisse t'aider. Aie confiance en toi et ose aller de l'avant. C'est en commettant des erreurs que l'on apprend, le surplace ne permet pas l'évolution.

Le dauphin

Retrouve ton enfant intérieur·e. Fais un bond dans le passé et ressens cette joie, cette innocence que tu avais. Pas la peine de voir la vie avec autant de sérieux ; apportes-y un peu de légèreté.

L'éléphant

L'éléphant te rappelle à quel point il est important de communiquer et de prendre soin de tes relations, tout en étant honnête et respectueux envers les autres.

L'étoile de mer

Tu es invité·e à te reconnecter à ta spiritualité. Tu peux faire appel à l'Univers ou aux anges pour t'aider à gérer certaines situations.

La girafe

Si tu te sens bloqué·e actuellement, il est temps de voir la situation sous différents angles, de changer ton point de vue.

Le jaguar

Tes rêves manquent un peu de clarté. Le jaguar te rappelle l'importance de fixer une intention précise pour éviter de t'éparpiller et te diriger directement vers le but recherché.

La libellule

La libellule t'invite à ressentir de la gratitude pour tout ce que tu as dans la vie. Elle te pousse à creuser en profondeur et comprendre les situations que tu attires à toi. Tu as le pouvoir de créer la vie que tu souhaites.

Le lion

Fais sortir le lion en toi. Utilise sa force et son courage pour concrétiser tous tes objectifs.

L'ours

L'ours vient te rappeler de prendre soin et de protéger tes projets de cœur, ainsi que les personnes auxquelles tu tiens. Ne laisse personne te dire ce qui est bon pour toi ou non.

Le paon

Tu dois trouver le juste équilibre pour toi vis-à-vis des autres. Être fier de soi, c'est bien, mais attention à ne pas tomber dans la vantardise. Se protéger, c'est bien, mais montrer ta vraie nature, ta beauté profonde peut être utile aussi.

Le papillon

Le papillon annonce le changement. Vois les étapes de ta vie, même celles perçues négativement, comme des marches qui te rapprochent toujours un peu plus de tes objectifs. Chaque étape, chaque leçon est nécessaire sur le chemin de ton évolution personnelle.

Le phénix

Le phénix te rappelle d'accepter ce qui est sans pour autant abandonner. Dans l'ombre, il y a toujours de la lumière. Accepte que certaines choses doivent se terminer pour pouvoir accueillir pleinement le renouveau.

La pieuvre

La pieuvre te rappelle que tu as tout en toi, toute l'intelligence nécessaire pour trouver des solutions nouvelles à tes problèmes.

Le requin

La confiance en soi et en son instinct est le secret du requin. Il est temps d'écouter ta petite voix intérieure, ton intuition, et de te laisser guider hors de ta zone de confort.

Le scarabée

L'important n'est pas d'avoir les bons moyens pour atteindre tes objectifs, mais la manière dont tu choisis de les utiliser. Débarrasse-toi de ce dont tu n'as plus besoin et avance.

La tortue

Pas à pas, voici le message de la tortue. Reste concentré·e sur tes objectifs en effectuant de petits pas dans la bonne direction, sans brûler les étapes.

La vache

Tu peux décider de voir un événement comme négatif et rester bloqué·e, ou bien tu peux choisir de le voir comme une leçon et l'utiliser comme une force pour aller de l'avant. En étant créatif·ve et connecté·e à toi-même, tu atteindras tes objectifs.

Comment créer la connexion avec ton animal ?

Prends une feuille et pense à l'animal de ta guidance. À quoi cela te fait-il penser ? Qu'est-ce que tu aimes chez cet animal, ou au contraire qu'est-ce qui te déplaît ? Prends le temps d'analyser ce que cela réveille chez toi. Note tout ce qui te vient.

Tu peux également te renseigner sur ton animal et sur son mode de vie ; peut-être cela te fournira-t-il des pistes pour ton quotidien.

Installe-toi ensuite dans un endroit calme, fais le vide, libère-toi des tensions, puis ferme les yeux. Pense maintenant à l'animal de ta guidance. Visualise-le, observe sa taille, son apparence. Vois comment tu te sens en sa présence. Reste dans l'observation quelques instants, puis demande-lui de te délivrer un message. Ne sois pas trop dans l'attente. Si le message ne vient pas tout de suite, ce n'est pas grave, reste ouvert·e, il se peut que tu le reçoives les heures ou les jours suivants. Tu peux effectuer cet exercice avant d'aller dormir : c'est souvent en rêve que les messages nous sont livrés.

Les éléments

Les quatre éléments, l'air, le feu, la terre et l'eau, composent la nature et la vie, et circulent en chacun de nous comme en tout ce qui peut composer l'Univers plus largement. Tu retrouveras ces éléments au fil des guidances comme autant d'indicateurs énergétiques. Cela te permettra, en fonction de ton élément du trimestre, de travailler sur un exercice ciblé pour t'aider à résoudre une problématique, un blocage ou simplement pour te libérer.

Air

L'élément air régit la pensée, la communication et l'inspiration. Il est associé au changement, qu'il soit positif ou négatif. Il peut indiquer qu'un défi est à relever, qu'il faudra faire preuve de patience et de détermination pour y arriver, mais que le bonheur et l'harmonie seront au rendez-vous, à condition de faire face au vent avec légèreté et positivité pour apprendre des enseignements de cette phase. Il est peut-être temps de changer certaines choses dans ta vie, de rompre des liens toxiques ou des vieux schémas bloquants.

Feu

Le feu consume et détruit tout ce qu'il effleure. Il est là pour te rappeler que tout peut rapidement tourner tant au chaos qu'à la beauté. Il évoque également la passion, le phénix qui renaît de ses cendres. Il t'invite souvent à laisser mourir tes difficultés, tes doutes, et à te débarrasser de toutes les choses dont tu ne veux plus dans ta vie, afin de te transformer. Il peut également te mettre en garde, afin que tu agisses avec prudence pour éviter de te brûler les ailes dans certaines situations.

Terre

La terre, Gaïa, c'est la vie, le cœur de la planète et des humains. Elle symbolise la santé, la richesse, la sécurité, l'ancrage et les bases solides. Elle doit être traitée avec respect. Elle t'invite à agir avec intégrité, gratitude et humilité pour attirer à toi l'abondance. Souvent, elle apparaît pour te dire que tu as besoin de te recentrer pour accéder à la guérison ou de t'ancrer pour passer un cap difficile.

Eau

L'eau symbolise les émotions et les sentiments. Elle évoque la purification, la régénération, ainsi que le renouveau. Elle t'invite à faire place à une nouvelle version de toi-même, délestée de tes peurs, blocages et fardeaux. L'eau porte souvent un message bienveillant en te conseillant d'étudier davantage tes émotions sans être forcément dans l'interprétation de ton mental, mais simplement en écoutant plus profondément ton cœur. Il est important de les exprimer pleinement, qu'elles soient positives ou négatives.

Comment travailler avec les éléments

Air

- Se promener en extérieur et s'exposer au vent.
- Se concentrer sur sa respiration et inspirer l'énergie de la vie.
- Visualiser le vent qui nettoie et purifie notre aura.

Terre

- S'ancrer à la terre.
- Marcher pieds nus en pleine nature.
- Décorer son intérieur avec des plantes ou jardiner sur sa terrasse, son balcon...
- Se munir de cristaux.

Feu

- Faire brûler de l'encens ou de la sauge.
- Allumer un feu de cheminée en conscience.
- Garnir son intérieur de bougies.

Eau

- Écrire une intention sur son verre d'eau.
- Tremper ses pieds dans un ruisseau.
- Se baigner dans un cadre naturel.
- Ressentir la purification que procure l'eau durant sa douche.

Les énergies

Nous te proposons ici de travailler sur deux sources d'énergie que tu connais bien : la lune et le soleil. Tu auras déjà remarqué que ton sommeil est impacté durant les phases de pleine lune, que ton humeur s'améliore quand il fait beau, de même que la Terre est réceptive à ces énergies. Ces deux astres bien différents l'un de l'autre exercent une influence énergétique sur la Terre et l'être humain. Tout comme il est courant de recourir au calendrier lunaire pour connaître le meilleur moment pour planter des graines, il semble logique d'utiliser ces énergies afin d'améliorer notre quotidien.

La lune

La lune agit principalement sur les aspects féminins de la vie, elle apporte la paix de l'esprit et l'équilibre ; elle nettoie et purifie. Elle t'invite à trouver ton propre équilibre. Es-tu trop axé·e sur le monde extérieur ? Ou, au contraire, as-tu tendance à te renfermer, à t'isoler ?

Si la lune apparaît dans ta guidance, c'est qu'il est temps pour toi de te libérer d'une situation devenue obsolète, de prendre du recul pour faire ton introspection, d'analyser et de comprendre sans jugement tes parts d'ombre pour aller vers un renouveau.

Le soleil

Le soleil est une énergie douce et chaude qui symbolise la joie, la passion et la créativité. Il apporte de l'éclairage sur la source des problèmes et t'encourage à faire briller ta lumière avec légèreté et humour.

Si le soleil apparaît dans ta guidance, c'est qu'il est temps pour toi de lâcher prise et de te laisser guider par le rythme de la vie. Les solutions sont à ta portée, alors reste humble, exprime ta gratitude et profite de ces moments de plénitude dans ta vie.

Se connecter aux énergies de la lune et du soleil

Méditation à la lune

Un soir de pleine lune, installe-toi dans un endroit calme où tu ne seras pas dérangé·e et, si possible, là où tu pourras apercevoir la lune. Cela peut être sur ta terrasse, sous un bon plaid, ou derrière une fenêtre dans l'axe de la lune.

Prends quelques instants pour l'observer.

Remarque ses rayons de lumière qui se rapprochent de plus en plus de toi.

Tu peux à présent ressentir ces rayons remplir ton cœur.

Prends conscience de l'énergie lunaire qui imprègne toutes tes cellules, tous tes organes, tout ton corps.

Tu peux te répéter une phrase comme « je me remplis d'énergie lunaire et bénéficie de sa guérison », ou tout autre mantra qui vibre en toi et qui vient ancrer ton intention de connexion à la lune.

Sens ses rayons parcourir ton corps des pieds à la tête, puis du sommet de ton crâne jusqu'au bout de tes orteils.

Prends le temps dont tu as besoin.

Une fois que tu te sens bien rechargé·e, remercie la lune pour sa guérison.

Méditation au soleil

Tu peux effectuer cette méditation où tu le désires, de préférence à l'extérieur, un jour ensoleillé.

Ferme les yeux et ressens la chaleur qui réchauffe gentiment et progressivement ton corps.

Concentre-toi sur les endroits de ton corps où la chaleur se fait sentir.

Répète-toi une phrase comme « j'invite l'énergie solaire à entrer dans mon corps et à offrir sa guérison », ou tout autre mantra qui vibre en toi et qui te permettra d'ancrer cette intention.

Sens la chaleur qui pénètre ton corps et vient parcourir toutes tes cellules, des pieds à la tête et du sommet de ton crâne jusqu'au bout de tes orteils.

Prends le temps dont tu as besoin.

Une fois que tu es complètement rempli·e de cette belle énergie, remercie le soleil pour sa guérison.

Tu as maintenant tous les outils en ta possession pour démarrer la lecture de tes guidances.

GUIDANCES POUR LES

BÉLIER

Janvier à mars

Concrétisation ✷ Libération du passé ✷ Introspection

Cher Bélier, les énergies de ce début d'année sont favorables à la concrétisation de tes objectifs. Néanmoins, pour y parvenir, il te faudra faire quelques mises à jour, retrouver un certain équilibre. Tu peux encore porter le poids de certains fardeaux du passé ou de choses qui ne t'appartiennent pas, et il est temps de t'en libérer. Ces poids peuvent agir comme un frein pour toi ou te faire prendre du retard par rapport à ce que tu veux mettre en place. Nous t'invitons, pour ce premier trimestre, à déléguer, à te délester de ce dont tu ne veux plus ou de ce qui ne t'appartient pas, et à poser des limites. Ces petits pas te permettront d'avancer sereinement et avec réussite vers les objectifs fixés.

Sentimental

En couple

Ces derniers mois ont peut-être été synonymes de tension ou d'incompréhension vis-à-vis de ton ou de ta partenaire. Le temps fait bien les choses et tu es en train de franchir l'étape de la guérison. Ce trimestre s'annonce plus doux, avec, à la clé, l'équilibre dans la relation, la stabilité. Pour profiter pleinement de ces énergies, nous t'invitons à continuer ce travail de nettoyage, à te libérer des blessures et rancœurs du passé, pour être dans l'accueil de ce renouveau sentimental que tu mérites.

Célibataire

Visualisation positive et confiance seront tes mots-clés pour ce trimestre. Tu as pu, par le passé, être déçu·e, mais nous t'invitons à garder espoir. Tu as tendance à te remettre en question sans cesse et à te répéter : « Je mérite ce qui m'arrive. » Stop ! Aujourd'hui, il est temps de reprendre espoir, de travailler sur ta confiance en toi, de te demander ce que tu aimerais attirer à toi et de l'exprimer pleinement. Pour ceux qui seront dans cette dynamique de positivité, la roue est prête à tourner et amènera avec elle son lot de nouveautés.

Professionnel

Pour ce trimestre, tu rencontreras des blocages au niveau professionnel. Ton besoin de sécurité, ta peur du changement ou de ne pas mériter ce que tu as t'empêche de voir la réalité en face et d'effectuer les ajustements nécessaires. Il est évident qu'il y a des choses qui ne te conviennent plus et dont tu dois te libérer. Nous t'invitons à faire le point sur ta situation. Cette introspection te mènera vers de nouvelles énergies qui seront plus en phase avec ce que tu désires. Certain·es oseront enfin se lancer dans un projet qui leur tient à cœur.

- Chakra : sacré
- Cristal : rhodonite
- Animal : scarabée
- Élément : eau
- Énergie : lune

Avril à juin

Espoir ✷ Choix ✷ Action

Malgré ton côté confiant, tu as pu traverser des phases compliquées, dernièrement, ressentir des angoisses par rapport à ta situation. Malgré tes efforts, tu gardes certaines peurs ancrées en toi, ce qui crée des blocages dans ton évolution personnelle. Ce n'est pas le moment de baisser les bras, car tu es plus proche de la récolte que ce que tu crois. Entoure-toi de tes proches, accepte leur aide et libère-toi de la négativité. Chaque pensée négative qui s'impose à toi s'immisce dans tes énergies, alors imagine un peu si tu les transformais en positif ?

Sentimental

En couple

Et si tu sortais un peu de ta bulle et que tu commençais à prendre un peu plus en considération l'avis de ton ou de ta partenaire ? Tu peux être dans l'attente d'actes, de confirmations et tu en oublies complètement ta moitié. Il est temps de te livrer, de t'ouvrir à l'autre, d'échanger et de partager. En prenant conscience des failles dans ta communication, tu pourras trouver des solutions. Certain·es, en revanche, devront faire des choix, voire prendre du recul dans la relation pour se retrouver.

Célibataire

Une certaine nostalgie du passé peut surgir en ce deuxième trimestre et te pousser à te poser les bonnes questions. Pour certain·es, une personne du passé pourrait refaire son apparition et un choix devra être fait en ce sens. Dans les deux cas, il te faudra peser le pour et le contre, ne pas stagner et décider soit de couper les ponts, soit de redonner une chance à quelque chose du passé.

Professionnel

Il est temps de passer à l'action ! As-tu conscience de combien tu as pu t'oublier, ces derniers temps ? Tu n'es plus en phase et aligné·e avec tes envies et il est temps de faire des choix. Affirme-toi, sois honnête avec toi-même et avec les autres, et décide dès maintenant de la route que tu veux prendre. Ces décisions, si elles sont prises avec le cœur, t'apporteront plus de clarté et d'épanouissement dans ce domaine.

✷ Chakra : plexus solaire
✷ Cristal : agate arbre
✷ Animal : libellule
✷ Élément : feu
✷ Énergie : soleil

Juillet à septembre

Opportunités ✷ Gratitude ✷ Ouverture

Tu as su mettre tes peurs de côté et tu peux ENFIN souffler, car tout est mis en place pour toi. C'est un trimestre animé par les opportunités, les bonnes nouvelles, et les échanges sincères et loyaux. N'hésite pas à exploiter tout ton potentiel, ne te limite pas et reste dans cette dynamique de passage à l'action, car la récolte est là pour toi. P.-S. : N'oublie pas d'être dans la gratitude et de remercier l'Univers, l'humilité est une sage direction.

Sentimental

En couple

Pour ce trimestre, nous t'invitons à travailler sur la notion de donner/recevoir. Tu peux avoir beaucoup d'attentes vis-à-vis de ton ou ta partenaire et te renfermer dans ta bulle au lieu de chercher à résoudre les conflits. Une relation va dans les deux sens ; tu n'es pas seul·e. D'une part, accepte de recevoir réellement de l'autre et, d'une autre, donne sans attendre en retour. Le fait d'en prendre conscience et d'effectuer les réglages dans ce sens te permettra de retrouver un certain équilibre dans ton couple.

Célibataire

Ta vision parfaite du couple et tes idées fixes créent actuellement des blocages dans ta vie sentimentale. Tu peux avoir certaines attentes et tu te braques dès qu'on ne correspond pas au moindre de tes critères. Si tu ouvrais un peu ton regard, tu verrais que, parfois, ce que l'on ne voit pas n'est pas si éloigné de ce que l'on veut ou dont on a besoin. Alors, détache-toi de ces œillères, ouvre-toi à ce qui se présente à toi et reste positif·ve.

Professionnel

Pour celles et ceux qui n'ont pas encore franchi ce pas, il est plus que jamais temps d'effectuer les changements nécessaires pour aller vers ce qui vibre. D'ailleurs, ne vois-tu pas tous les signes que l'Univers t'envoie ? Il peut s'agir d'un changement d'entreprise, de voie, ou d'entreprendre de nouveaux projets. Cesse d'avoir peur et fonce, car les récompenses seront bénéfiques pour toi. Ceux qui oseront aller vers ce changement acteront ce passage à l'action par des formations ou de nouvelles compétences. Alors, es-tu décidé·e à enfin avancer ?

- Chakra : plexus solaire
- Cristal : pyrite
- Animal : caméléon
- Élément : eau
- Énergie : lune

Octobre à décembre

Abondance ✷ Guérison ✷ Nouveauté

Une fin d'année synonyme de récolte pour toi, cher Bélier ! Tout ce sur quoi tu as travaillé tout au long de l'année est en train de prendre forme et les graines plantées peuvent enfin être récoltées. Un nouvel équilibre s'installe pour toi et tu peux célébrer pleinement ce dernier trimestre. Des émotions liées à tout ce que tu as vécu dernièrement pourraient surgir, mais nous t'invitons à ne pas les refouler. Accueille-les et vis-les pleinement car elles sont là pour achever le processus de guérison.

Sentimental

En couple

Ce dernier trimestre de l'année annonce un renouveau. Pour certain·es, les efforts des derniers mois paient enfin et la relation peut prendre un nouvel élan. On retrouve l'équilibre et l'épanouissement dans le couple. Pour d'autres, les prises de conscience récentes mèneront à des séparations. Dans les deux cas, c'est un changement et un renouveau nécessaire et bénéfique qui se profile.

Célibataire

Cher·ère célibataire, il est temps pour toi de récolter les fruits de tous ces nettoyages effectués. Tu es enfin prêt·e et dans les bonnes dispositions pour t'ouvrir sentimentalement. Pour certain·es, une rencontre est à prévoir et pour d'autres, le retour à la paix, à l'harmonie, se profile à l'horizon. Comme on dit : il faut être bien avec soi-même avant de vouloir être bien avec quelqu'un d'autre, et tu maîtrises si bien cet adage.

Professionnel

Des opportunités vont se présenter à toi pour cette fin d'année. Un nouveau job, une promotion, une augmentation de salaire ou la signature d'un contrat, tu seras servi·e ! Attention cependant à ne pas trop être dans le « blabla » ou dans l'ego. Prends bien le temps de savoir si ces opportunités sont alignées avec toi et passe ensuite à l'action.

- Chakra : couronne
- Cristal : sodalite
- Animal : papillon
- Élément : eau
- Énergie : lune

GUIDANCES POUR LES

TAUREAU

Janvier à mars

Concrétisation ✷ Défis ✷ Prise de conscience

Cher Taureau, ce début d'année t'amène son lot de nouveautés. Tu avais peut-être en tête des projets ou des envies en particulier, et les énergies sont favorables à la concrétisation de ce que tu souhaites attirer à toi. Attention, cependant, à rester discret·ète sur tes projets pour ne pas attiser la jalousie autour de toi. Alors, tu es prêt·e ? Cesse de tourner autour du pot et fonce !

Sentimental

En couple

Quand tu aimes, tu aimes vraiment, pleinement et avec passion. Mais attention, cher Taureau, la passion, c'est bien, mais il faut garder un certain équilibre. Tu peux avoir tendance à avoir des attentes, à vouloir avancer très vite, à t'investir tout de suite très fortement dans ton couple, et, par conséquent, à t'oublier complètement. Les attentes que tu as vis-à-vis de ta relation peuvent parfois créer des désillusions, des déceptions. Alors, trouve ce bon équilibre pour toi, ne pas t'oublier et avancer sereinement dans ta relation.

Célibataire

Parfois, quand on se rapproche de l'objectif, l'Univers décide de nous titiller, en nous envoyant des défis que l'on pensait avoir déjà relevés. Voilà tes énergies de ce début d'année. Ne te décourage pas, la libération est proche. Accueille ces défis, vois-les comme des tests et ne te détourne pas de ton chemin. Regarde droit devant et ne te retourne plus.

Professionnel

Tu arrives à un stade où tu prends conscience que cela ne va plus, tu peux ressentir une certaine routine s'installer, tu fais des choses qui ne t'épanouissent pas ou qui sont éloignées de ce qui vibre en toi. Ton travail ne te motive plus. En gros, ras le bol ! On t'invite à réfléchir à ce que tu pourrais mettre en place pour effectuer des changements et être plus aligné·e avec ta vie professionnelle. Tu as besoin de te libérer de ce qui ne te convient plus et d'oser aller vers des choses différentes. Pour certain·es, un nouveau travail ou une reconversion sont à prévoir, pour d'autres, des projets que tu n'as jamais osé mettre en place. Entoure-toi de personnes ayant déjà vécu ces expériences, renseigne-toi un maximum pour trouver des solutions et aller vers ce que tu veux.

- Chakra : gorge
- Cristal : sodalite
- Animal : dauphin
- Élément : feu
- Énergie : lune

Avril à juin

Célébration ✷ Alignement ✷ Précipitation

Ce deuxième trimestre s'annonce plutôt agréable pour toi. Tu étais peut-être dans l'attente de réponses, et nous t'annonçons un dénouement positif. Une ouverture se fait, il y a une sorte de champ des possibles où tu peux réaliser ce que tu veux et aller vers la récolte de ce que tu as mis en place. C'est une réelle période de chance, de célébration et de joie. Certain·es pourront même recevoir une surprise, un bienfait, quelque chose d'imprévu qui leur tombera dessus par surprise.

Sentimental

En couple

Comme nous te l'avons déjà dit durant le dernier trimestre, tu as tendance à te reléguer au second plan et à t'oublier en faisant passer ta moitié avant toi. Si tu restes dans cette dynamique, cela peut devenir frustrant. En ayant chacun·e des objectifs personnels de votre côté, vous pourrez donner un nouvel élan à votre relation. Vous avez besoin de rééquilibrer les choses.

Célibataire

Est-ce que tu préfères rester dans ta bulle au risque de passer à côté de belles rencontres qui sont prévues pour toi, ou plutôt oser, sortir de ta zone de confort, vibrer et accueillir l'amour dans ta vie ? Tu as le choix, et c'est ce que ce trimestre va t'apprendre. Par ailleurs, la guérison de blessures du passé est à prévoir pour certaines personnes.

Professionnel

De la fatigue peut se faire ressentir durant cette période. Tu as peut-être tendance à t'éparpiller et surtout à te précipiter, et crois-nous, cela ne fait que repousser le changement prévu pour toi. Tel le taureau qui fonce sans regarder sur les côtés, tu pourrais ne pas voir passer la réalité et te retrouver dans des situations déplaisantes. Alors patience, et surtout, respire ! Retourne dans le « ici et maintenant » et lâche prise. Les réponses à tes questions ou les concrétisations que tu attends arrivent, ne force rien.

- Chakra : couronne
- Cristal : améthyste
- Animal : coccinelle
- Élément : air
- Énergie : lune

Juillet à septembre

Libération ✱ Choix ✱ Communication

Après la célébration des derniers mois, tu peux peut-être te faire rattraper par des peurs, des expériences du passé, et des émotions peuvent refaire surface. Il est essentiel de les accueillir et de les accepter sans les juger. En intériorisant trop, cela pourrait se répercuter sur ta vie, ta santé, ton physique. Tu avais déjà conscience de ces blessures à traiter et, aujourd'hui, elles sont mises en lumière afin que tu puisses t'en libérer. C'est en acceptant qu'elles puissent resurgir que tu retrouveras cette énergie et ta positivité des derniers mois.

Sentimental

En couple

On retrouve une meilleure connexion, une meilleure communication, des moments de partage et de l'équilibre pour les couples. Certain·es auront envie de consolider la relation, de construire ou de développer des projets en commun. En gardant cet équilibre entre passion et écoute de soi, tu pourras vivre cette relation plus sainement.

Célibataire

Ce n'est plus un secret pour toi, tu attires à toi ce que tu exprimes. Il est temps de voir les choses sous un angle différent, de te détacher de tes attentes, de tes critères ancrés, et de sortir de ton cocon. Tu peux continuer à fermer les yeux et passer à côté des opportunités qui s'offrent à toi, ou alors tu peux décider de reprendre ta vie en main et de passer à l'action. Alors, que choisis-tu ?

Professionnel

Tu croyais que l'Univers ne t'avait pas vu·e ? Ne te complais pas dans quelque chose qui ne vibre pas pleinement avec toi, dans ce travail sécurisant au niveau financier où tu n'emploies pas ton plein potentiel. Attends-toi à ce que l'Univers t'envoie des tests, des opportunités qui viendront te pousser dans tes retranchements, te forcer à agir réellement en fonction de ce que tu veux. Si tu choisis la voie du cœur, tu seras toujours récompensé·e, alors, cesse de douter ou de te conforter dans ton ego, et prends le temps de la réflexion pour ce qui va se présenter à toi.

- Chakra : plexus solaire
- Cristal : cristal de roche
- Animal : chèvre
- Élément : air
- Énergie : soleil

Octobre à décembre

Guérison ✷ Changement ✷ Harmonie

Ce dernier trimestre de l'année va être synonyme de profondes guérisons. Pour ceux et celles qui auront réussi à se libérer des chaînes du passé, ce sera une véritable période d'épanouissement, de libération. La créativité est à son apogée, tu auras envie de créer, de développer. Certain·es seront amené·es à faire un choix, pour cibler un peu mieux leurs envies, se recentrer sur le droit chemin. Tu peux être fier·ère du parcours effectué, car la récolte est là pour toi. Saisis les opportunités qui s'offrent à toi.

Sentimental

En couple

Il est temps de laisser place à une meilleure version de toi-même afin d'être davantage en paix dans ta relation, comme dans ton rapport à toi-même Certain·es revivront des situations du passé ; des blessures peuvent refaire surface et entraîner des pensées négatives qui créent des blocages. Comprends pourquoi ces situations se présentent à toi, et ne laisse pas la négativité prendre trop de place.

Célibataire

Tu peux avoir tendance à imaginer toujours les pires scénarios, qu'il s'agisse de rencontre ou de début de relation. Tu as déjà pu travailler en surface sur certains aspects, mais le nettoyage doit se faire plus en profondeur, sinon cela ne fera que créer de nouveaux blocages dans ta vie sentimentale. Libère-toi de ces vieux schémas qui ne t'appartiennent plus, cesse de comparer tes anciennes relations aux nouvelles, et ouvre-toi enfin à l'amour.

Professionnel

Le changement, récent ou à venir, est au rendez-vous ! Quel qu'il soit (reconversion, indépendance, nouveaux projets, nouveau poste), ce changement est accompagné de magie. Il te permettra de te réaligner, de trouver l'épanouissement, ainsi qu'une meilleure connexion avec tes ambitions. Si tu hésites encore à aller vers ce changement, des événements viendront t'indiquer le bon chemin à prendre. C'est une période de protection et d'harmonie, durant laquelle tu peux enfin t'autoriser à prendre des risques, car ils seront largement récompensés.

- Chakra : troisième œil
- Cristal : fluorine
- Animal : paon
- Élément : terre
- Énergie : soleil

GUIDANCES POUR LES

GÉMEAUX

Janvier à mars

Passage à l'action ✷ Renouveau ✷ Manifestation

Cher Gémeaux, ce début d'année t'invite à passer à l'action et à poser dès à présent des actes pour ton avenir. Tu te trouves actuellement dans une phase où tes peurs bloquent les opportunités qui sont là pour toi. Nous tenons à te rassurer et à te rappeler que tu as tout le potentiel pour t'éveiller pleinement, alors cesse de douter, car tu continuerais à passer à côté de belles occasions. Nous savons que tu en as envie : libère-toi des schémas du passé et fonce !

Sentimental

En couple

Tu peux ressentir pour ce premier trimestre une certaine nostalgie. Peut-être en lien avec des relations du passé ou simplement les débuts de ta relation actuelle. Il est temps que tu te libères de ces liens qui te bloquent et que tu décides d'avancer. Il y a beaucoup de choses à créer dans ta relation, ne l'oublie pas. Le temps est aux moments de partage, aux voyages et aux petites attentions : créer l'ambiance parfaite pour se retrouver à deux, tisser de nouveaux liens, accueillir le renouveau sans regarder en arrière. C'est toi qui détiens la clé du renouveau.

Célibataire

En ce début d'année, tu es invité·e à travailler sur tes déceptions et sur les blessures anciennes. Ces liens que tu entretiens avec le passé te bloquent et t'empêchent d'accéder au renouveau qui t'attend. Puise dans ta force intérieure, tu as tout en toi pour transcender ces épreuves et vibrer différemment. Tout est réuni pour que tu parviennes à créer ta nouvelle réalité, alors ne laisse pas les fantômes du passé te hanter.

Professionnel

Il est temps pour toi, cher Gémeaux, d'arrêter de regarder la vie s'écouler sous tes yeux. Tu peux avoir envie d'aller de l'avant, mais en même temps rester bloqué·e par peur de ne pas être à la hauteur ou du changement. Passe à l'action dès maintenant. Durant cette période, ton pouvoir de manifestation est fort, tu attires à toi le meilleur.

- Chakra : troisième œil
- Cristal : améthyste
- Animal : libellule
- Élément : feu
- Énergie : lune

Avril à juin

Prise de décisions ✷ Libération d'anciens schémas ✷ Affirmation de soi

C'est un deuxième trimestre plutôt animé pour toi. Tu peux rencontrer des situations déstabilisantes, frustrantes qui peuvent être vécues comme négatives. Ces événements sont là pour mettre en lumière les choses sur lesquelles tu as préféré fermer les yeux. L'Univers se mobilise pour te faire prendre conscience des changements à appliquer. Il est temps pour toi de sortir de ta zone de confort, de te recentrer et de comprendre pourquoi ces situations se présentent à toi. Ces réflexions te permettront de prendre des décisions et de te libérer des peurs qui t'ont bloqué·e jusqu'à présent.

Sentimental

En couple

Les tensions du passé sont encore bien ancrées dans ta relation et tu t'es enfermé·e dans des énergies plutôt négatives. Tu peux ou as pu avoir tendance à agir sous le coup de l'impulsivité et nous t'invitons aujourd'hui à te libérer de ces schémas. Réévalue ta situation, vois les choses sous un autre angle. L'amour est toujours présent, et tu as la possibilité de réaligner ce qui doit l'être par la communication, pour poser de nouvelles bases dans ta relation.

Célibataire

Si tu as été déçu·e par le passé, tu auras aujourd'hui tendance à t'enfermer dans des schémas de pensées limitantes, à être sur tes gardes, voire dans l'auto-sabotage, jusqu'à ne plus percevoir les opportunités qui s'offrent à toi. Nous t'invitons à cultiver l'amour que tu te portes, à accepter davantage de recevoir et à te détacher de tes pensées négatives. C'est en exprimant ces nouvelles énergies que tu attireras à toi le renouveau ou la bonne personne dans ta vie.

Professionnel

Nous t'encourageons à accomplir ce que tu as envie d'accomplir. Ne te limite pas et ose rêver grand. Crois en tes rêves, en restant ancré·e à l'instant présent. Il est temps de t'affirmer. Ces nouvelles vibrations te permettront une transformation, une concrétisation. Des mises en place te permettront d'ancrer encore plus tes envies.

✷ Chakra : racine
✷ Cristal : jaspe rouge
✷ Animal : libellule
✷ Élément : eau
✷ Énergie : soleil

Juillet à septembre

Guérison ✷ Créativité ✷ Nouveau départ

Ce troisième trimestre sera synonyme de guérison. Il y a encore certains nettoyages à effectuer par rapport à des choses lourdes en lien avec le passé, des trahisons, des déceptions, mais la concrétisation est proche ! Le changement est là pour toi, alors ne baisse pas les bras. Tes questionnements finiront par trouver leur réponse. Pour certain·es, cela apparaîtra comme un imprévu inconfortable. C'est le début de quelque chose de nouveau, un vrai nouveau départ.

Sentimental

En couple

Quelques tensions peuvent encore apparaître dans ton couple car il y a des choses à rééquilibrer. L'heure est à la communication, à la compréhension. Pourquoi et qu'as-tu à comprendre de ces tensions ? Ne retourne pas dans ces vieux schémas toxiques pour toi, reste ouvert·e et trouve les solutions avec ton ou ta partenaire. Tous les éléments sont en place pour que vous puissiez renforcer les liens dans votre relation.

Célibataire

Une personne ou une situation du passé peut se manifester dans ta vie. Cette situation va te ramener aux souffrances et aux douleurs que tu as pu connaître auparavant. Cela se manifestera de manière différente, cette fois, et ce sera en réalité un test de l'Univers. Il est important que tu fasses confiance à ton ressenti et, surtout, que tu t'écoutes. N'oublie pas ce que tu veux réellement et ce que tu mérites, cela t'aidera à faire le bon choix.

Professionnel

Cher Gémeaux, nous savons que tu as tendance à vivre chez les Bisounours et à ne pas te méfier ! Sache que, parfois, il est bon de prendre un peu de recul et de te demander à qui tu peux réellement faire confiance. Ce sera ton défi pour ce trimestre : ne pas attendre des autres ce que tu es censé·e t'apporter en premier lieu. Protège tes idées et tes envies. Une belle énergie de créativité est là pour toi, utilise-la pour apporter une touche de magie dans ce domaine. La spiritualité peut te guider professionnellement, mais n'oublie pas que chaque rêve a besoin d'un acte concret pour avancer.

- Chakra : plexus solaire
- Cristal : œil-de-tigre
- Animal : phénix
- Élément : feu
- Énergie : lune

Octobre à décembre

Réflexion ✳ Harmonie ✳ Prise de conscience

Cette fin d'année est propice à la réflexion. Fais une petite pause pour faire le point, pour savoir où tu en es dans ton avancée. Il est temps de récolter ce qui a été semé, mais aussi de planter des graines pour l'avenir. Ce temps de réflexion t'est nécessaire pour évoluer dans le bon sens, aller vers une phase ascendante. Certain·es auront probablement un choix à faire et il faudra, là aussi, réfléchir avant d'agir. Tout est mis en place pour que tu te recentres et que tu puisses avancer sereinement dans la bonne direction.

Sentimental

En couple

Les tensions et les incompréhensions des derniers mois s'apaisent enfin, et les efforts fournis vous conduisent à une relation plus sereine et plus équilibrée. Les liens sont renforcés et tu peux sans peur te laisser guider par tes envies de créer et de construire des choses à deux. C'est une fin d'année douce et remplie d'harmonie.

Célibataire

Tu as toutes les clés en main pour enfin ouvrir la porte de la libération. Décide dès maintenant de la suite de ton avenir et libère-toi des chaînes du passé. Ceux et celles qui ouvriront cette porte pourront faire de belles rencontres qui déboucheront sur quelque chose de sérieux.

Professionnel

Certain·es pourront ressentir beaucoup de fatigue en cette fin d'année. Le corps parle et témoigne d'un besoin de se recentrer ; va vers le renouveau tant attendu, au lieu d'attendre qu'il vienne à toi. Tu ne te trouves pas dans cette situation par hasard, elle vient mettre en lumière ce que tu dois changer, pour te permettre d'être plus à l'écoute de tes envies ou, au contraire, de ce dont tu ne veux plus. Pour celles et ceux qui oseront franchir ce pas, l'épanouissement et l'équilibre sont à la clé et de belles opportunités sont à prévoir. Sois dans la gratitude et accueille les émotions qui se présentent à toi.

✷ Chakra : racine
✷ Cristal : rhodonite
✷ Animal : tortue
✷ Élément : terre
✷ Énergie : lune

GUIDANCES POUR LES

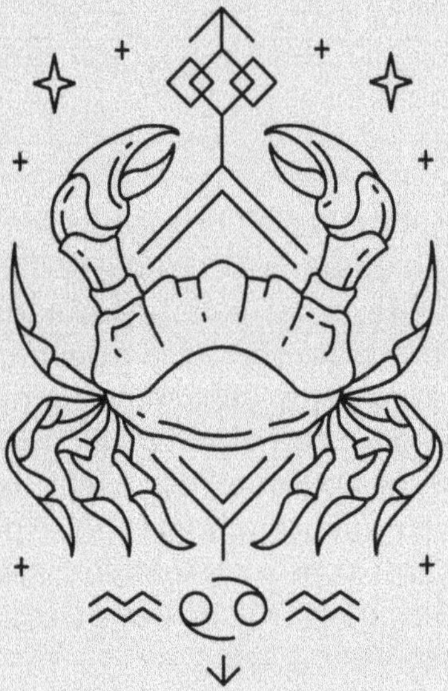

CANCER

Janvier à mars

Réalisation ✷ Concrétisation ✷ Changements

Cher Cancer, ce début d'année sera favorable à la réalisation de ce que tu désires. Les réponses sont à portée de main. À chaque problème, sa solution. Tout est réuni pour que tu ailles dans la bonne direction. Attention à conserver ton ancrage, car tu pourrais faire face aux jugements de ton entourage. Ne te laisse pas déstabiliser car tu as tout en toi.

Sentimental

En couple

Tu as pu être dans l'attente de certaines concrétisations au niveau de ton couple et ce trimestre t'apporte ces changements. Cela peut se produire quand tu t'y attendras le moins et cela pourrait te déstabiliser, mais reste bien ancré·e dans l'instant et savoure ces moments remplis d'amour.

Célibataire

Après quelques mois compliqués, quelque chose que tu attendais arrive enfin. Que ce soit une rencontre ou une libération personnelle, c'est un moment d'apaisement, un vrai retour à l'équilibre. Profite de chaque instant !

Professionnel

Si tu es installé·e dans un poste à haute responsabilité, tu pourras ressentir une envie de changement, malgré des doutes et une confusion par rapport à ces derniers. On t'invite à oser et à être dans une pleine confiance par rapport à ces changements. Ces confusions peuvent provenir d'une situation qui n'est pas encore claire dans la tête.

- ✷ Chakra : gorge
- ✷ Cristal : citrine
- ✷ Animal : chouette
- ✷ Élément : eau
- ✷ Énergie : soleil

Avril à juin

Guérison ✷ Libération ✷ Ancrage

C'est un trimestre de guérison pour toi. Ton mental peut être mis à rude épreuve, en ce moment, et on te demande de lâcher prise, de prendre des moments pour toi et du recul par rapport à ce qui te pèse ou ce qui peut se présenter à toi. Ce passage est nécessaire pour que tu puisses repartir sur de nouvelles bases et avancer vers tes objectifs.

Sentimental

En couple

Cher Cancer, nous connaissons ta tendance à la contradiction. Tu as beau avoir tous les éléments à ta disposition pour t'épanouir au niveau relationnel, tu continues à chercher la petite bête là où il n'y en a pas. Ouvre-toi à l'amour, accueille ce qui est là pour toi et retrouve cet équilibre. Les seuls blocages qui existent sont ceux que tu crées.

Célibataire

Cesse de fuir l'amour. Tu dégages des énergies contradictoires, et devine quoi ? C'est ce que tu attires à toi. Ose affirmer ce que tu veux réellement et tâche de t'y tenir.

Professionnel

Il est temps de te détendre par rapport à ta situation. Tu peux être dans l'attente, manquer d'ancrage et tu bloques l'arrivée des opportunités. Pour ceux et celles qui réussiront à se détacher de leurs idées fixes et obstinées, la prospérité et les opportunités seront à la clé.

- Chakra : cœur
- Cristal : calcédoine bleue
- Animal : bison
- Élément : air
- Énergie : soleil

Juillet à septembre

Émotivité ✷ Acceptation ✷ Concrétisation

Ce trimestre s'annonce riche en émotions. Nous t'invitons à montrer ta vraie nature, à te dévoiler et à oser affirmer qui tu es. Tu peux parfois rencontrer des situations où tu te sens incompris·e ou jugé·e. Ces événements sont là pour que tu puisses prendre conscience de la différence entre ce que tu dégages et ce que tu penses être à l'intérieur de toi. En résumé, le défi de ce trimestre sera la communication et l'acceptation de toi.

Sentimental

En couple

Tu vas peut-être être confronté·e à des personnes ou des situations du passé. Ne rentre pas dans des schémas répétitifs, tu as tout le potentiel, dans ta relation actuelle, pour être dans une véritable énergie d'amour et d'abondance. Accepte le passé et laisse-le où il est, il est temps maintenant d'avancer.

Célibataire

Attention aux schémas répétitifs. Tu peux peut-être tomber sur le même genre de personne ou de situations qu'auparavant, et cela ne t'apportera pas ce dont tu as besoin. Il est temps de te libérer de ton passé et d'aller de l'avant.

Professionnel

Cela va bouger pour toi professionnellement. Libération, mouvements, indépendance, concrétisation de tes projets : les choses bougent et il te faudra être bien ancré·e dans l'ici et maintenant. Être dans une énergie de foi, c'est bien, mais n'oublie pas de passer à l'action.

✷ Chakra : gorge
✷ Cristal : tourmaline noire
✷ Animal : éléphant
✷ Élément : air
✷ Énergie : soleil

Octobre à décembre

Fin de cycle ✷ Nouveau cap ✷ Changements

Pour cette fin d'année, quelque chose se termine. On te demande de trouver ta propre vérité et d'aller vers le chemin que tu connais, mais que tu as toujours évité jusque-là. Il y a des choses à changer et tu le sais bien, tu aimes fermer les yeux dessus. Il est temps d'oser, de regarder les choses en face et de prendre des décisions en conséquence. Trouve ton équilibre afin de parvenir à tes objectifs.

Sentimental

En couple

C'est une période fusionnelle qui t'attend avec ton ou ta partenaire. Il faudra prévoir une union ou un nouveau cap dans la relation. Tu vas retrouver l'équilibre, la stabilité, des moments partagés dans la sérénité. Tu lâches enfin prise et nous t'en félicitons ! Nous t'encourageons à poursuivre dans cette voie et à ne pas hésiter à communiquer, exprimer tes sentiments, être toi-même et cesser de te cacher.

Célibataire

Une rencontre peut se présenter pour certain·es. La personne en question sera romantique et permettra de rééquilibrer ce qui n'allait pas, de retrouver l'épanouissement. Tu étais peut-être dans l'attente de rencontrer cette bonne personne et tous les feux sont au vert pour toi. Pour d'autres, un nouveau départ est à prévoir, dans une perspective de légèreté, sans prise de tête.

Professionnel

Tu te complais peut-être dans ta petite zone de confort et tu restes dans un schéma qui ne te convient plus. Tes peurs t'empêchent de faire des ajustements. Tu peux ressentir de la fatigue en ce dernier trimestre de l'année. Si la trajectoire que tu prends ne te convient pas, il suffit d'en changer le sens. Un choix est nécessaire pour retrouver ton équilibre. Si tu veux et que tu t'en donnes les moyens, la roue peut tourner et tu pourras développer de nouveaux projets. Attends-toi à un changement considérable.

- Chakra : racine
- Cristal : onyx
- Animal : éléphant
- Élément : terre
- Énergie : lune

GUIDANCES POUR LES

LION

Janvier à mars

Résurrection ✷ Passion ✷ Imprévus

Ce début d'année peut être un peu lourd pour toi, cher Lion. Quelque chose a pu prendre fin, tu es peut-être en deuil d'une personne ou d'une relation. Cet événement a été compliqué à digérer et a marqué la fin de quelque chose. Tu es invité·e à prendre du temps pour toi, ne t'éparpille pas, car tu as réellement besoin de digérer. La résurrection est proche. Après avoir pris le temps de souffler et de te recentrer, ose redevenir ce lion puissant et majestueux que tu es. Demande-toi quel est le sens derrière cette phase, ce passage de ta vie. Rebooste-toi, lance-toi vers cette renaissance qui t'attend.

Sentimental

En couple

Tu vis une relation passionnelle et fusionnelle, quelque chose de fort et intense. Mais attention, il ne faut pas t'oublier ou te mettre de côté. Parfois, la passion peut devenir toxique ou frôler la codépendance, alors prudence. Nous t'encourageons à prendre du temps pour toi, à faire des choses qui te font vibrer, qui te font plaisir, tu es ta priorité.

Célibataire

Le deuil d'une ancienne relation n'a pas encore été fait. Tu as certainement été trahi·e, blessé·e et cela déséquilibre encore ton rapport à l'autre. Tu as besoin de comprendre, puis de couper le lien avec tes blessures et avec cette ou ces anciennes relations, afin de te retrouver et de t'ouvrir à nouveau à l'amour.

Professionnel

Tu as peut-être un projet en cours ou prêt à être lancé, et ce défi ou les imprévus pourraient te faire douter. Nous t'invitons à faire le point, afin de voir si des ajustements seraient nécessaires. Certain·es en profiteront peut-être pour procéder à quelques transformations. Si cette phase peut te sembler compliquée, voire injuste, il y a pour autant quelque chose à comprendre, comme pour chaque épreuve que l'on peut traverser ; à toi d'en saisir le sens et le message. Ce trimestre est aussi placé sous le signe d'un réel besoin de te libérer de certaines fausses croyances ou d'une vision des choses trop restreinte qui peuvent te bloquer.

✷ Chakra : sacré
✷ Cristal : obsidienne œil céleste
✷ Animal : canard
✷ Élément : terre
✷ Énergie : lune

Avril à juin

Renouveau ✷ Choix ✷ Affirmation de soi

Ceux et celles qui auront fait le pas vers la libération recevront un bel encouragement ! Le bout du chemin est bel et bien là, et le renouveau, prêt à t'accueillir ! Nous t'encourageons à travailler encore un peu sur ton mode de pensée ou de fonctionnement que tu as du mal à lâcher (n'est-ce pas, tu as la tête dure, joli Lion) ! Retrouve ton beau sourire et profite de cette période de bénédiction avec, à la clé, de bonnes nouvelles, un équilibre renouvelé et des concrétisations qui, quelques mois plus tôt, semblaient impossibles. Un beau lâcher-prise t'attend !

Sentimental

En couple

Une personne ou situation liée à ton passé peut ressurgir. Tu devras le prendre comme un test, et faire un choix entre le présent et le passé. Pour celles et ceux qui se libéreront pleinement de leurs douleurs du passé, la célébration et l'épanouissement sont à la clé.

Célibataire

Attention aux potentielles relations toxiques ou triangulaires. Tu pourrais faire face à de la concurrence ou à un choix. N'oublie surtout pas de manifester ce que tu souhaites attirer à toi. Nous t'invitons également à être maître de ta propre vérité et à faire preuve de méfiance vis-à-vis des schémas dont tu ne veux plus, qui pourraient se répéter ! Si tu te libères de ces poids, tu pourras aller vers la célébration et une sérénité retrouvée. Pense à toi !

Professionnel

Il se pourrait que des idées et envies viennent à toi au niveau de ta vie professionnelle ! On te dit que tu as assez réfléchi et que tu peux oser dès maintenant. Un beau signe pour te confirmer que tu as besoin de t'affirmer ! Il ne te reste plus qu'à te lancer pour accueillir très prochainement la concrétisation.

✷ Chakra : plexus
✷ Cristal : agate du Botswana
✷ Animal : papillon
✷ Élément : feu
✷ Énergie : soleil

Juillet à septembre

Travail sur soi ✷ Équilibre ✷ Confusion

Pour certain·es, le deuil du début d'année n'a pas été résolu. Le travail n'a pas été fait en profondeur et tu peux avoir la sensation d'être sur des montagnes russes. Nous t'invitons cependant à ne pas baisser les bras. Le travail sur soi prend du temps et c'est normal d'avoir des moments de « rechute ». Essaie de cibler ce travail sur toi vis-à-vis de ton mode de pensée, de schémas que tu as tendance à répéter, mais qui sont limitants et te ramènent à tes blessures. Fais le point, regarde l'évolution et vois comment tu peux réussir à te libérer. La clarté sera au rendez-vous et les objectifs seront atteints, ne lâche pas !

Sentimental

En couple

Il semblerait que, pour certain·es, il y ait quelques soucis au niveau de la relation. C'est comme si les choses n'étaient pas équitables. Peut-être que les actes de ton ou ta partenaire te bloquent, te dérangent ou t'apportent de la frustration ? Cela peut générer des conflits. Peut-être as-tu du mal à t'affirmer auprès de ta moitié. Il y a en tout cas un manque de communication et de l'appréhension à vider ton sac. Certain·es peuvent même être perturbé·es et cogiter, surtout la nuit. Affirme ton côté Lion, puissant, tu as la force et le tempérament pour t'affirmer et équilibrer ce qui te dérange et qui bloque. Le changement en sera considérable !

Célibataire

Tu es perturbé·e par ton passé. La nostalgie peut surgir. Tu restes focalisé·e sur des détails, des choses non digérées, des moments que tu aimerais revivre mais qui sont pourtant derrière toi. Tu te replies sur toi-même. Nous t'invitons à sortir de ces schémas répétitifs, il est temps d'avancer. Durant ce trimestre, l'Univers t'enverra les signes nécessaires pour que tu puisses en prendre conscience.

Professionnel

Tu peux ressentir de la confusion vis-à-vis de ce que tu veux faire ou de comment faire évoluer ta vie professionnelle. Tu agis sans réflexion, avec impulsivité. Nous te conseillons de t'ancrer davantage dans l'instant présent et de réfléchir à ce que tu veux réellement. Pour celles et ceux qui seront plus ancré·es, des opportunités vont se présenter et seront concrétisées par des démarches (contrats, signatures...).

- Chakra : racine
- Cristal : jaspe rouge
- Animal : vache
- Élément : feu
- Énergie : lune

Octobre à décembre

Renaissance ✷ Action ✷ Changement

L'année a été un peu compliquée, et c'est enfin le moment de renaître et d'être pleinement dans une nouvelle énergie. Tu as tout le potentiel pour vibrer et exprimer ce que tu souhaites, afin de retrouver l'équilibre dans tous les domaines. Mais attention à ne pas être dans l'attente sans passer à l'action. Des attentes trop élevées te feront passer à côté d'opportunités. Il est temps d'y aller, de faire le grand saut. Tout comme le lion, fonce !

Sentimental

En couple

Tu as tout le potentiel pour que la relation se passe bien et qu'elle puisse évoluer durablement, mais pourquoi ne le vois-tu pas ? Tu ne t'autorises pas pleinement à vivre ces moments précieux. Les poids du passé génèrent des blocages. Il n'y a que toi qui peux décider de couper le fil qui te retient à tout cela. Tu crois être bloqué·e, mais il ne s'agit que de ta décision. Soit tu te décides à vivre à moitié la relation parce que tu n'arrives pas à la comprendre, soit tu comprends qu'il suffit de déposer les bagages, de vivre l'instant présent, de montrer ta vraie nature et de profiter de la vie à deux.

Célibataire

Gare à l'auto-sabotage ! Tu ne t'autorises pas à être heureux·se sous prétexte que tu as vécu des choses difficiles. Tu portes des bagages qui datent. Il est temps de montrer enfin ce que tu as à l'intérieur. C'est toi et uniquement toi qui as la capacité de débloquer tout cela. Attention, car plus tu attends, plus tu retardes ce qui est prévu pour toi !

Professionnel

Tu es très connecté·e à ton mental, tu es dans des pensées répétitives et ces pensées te font croire que tu n'es pas capable, ce qui te bloque profondément. Tu restes dans une zone de confort parce que tu penses que tu ne peux pas en sortir. Pour couper le mental, connecte-toi à l'instant présent, laisse de côté le futur comme le passé. C'est de cette manière que tu attireras la nouveauté à toi. Des déplacements sont à prévoir pour certain·es. Le succès et l'abondance sont à la clé.

- Chakra : racine
- Cristal : améthyste
- Animal : abeille
- Élément : feu
- Énergie : lune

GUIDANCES POUR LES

VIERGE

Janvier à mars

Célébration ✷ Choix ✷ Concrétisations

Chère Vierge, ce début d'année marque un renouveau pour toi. Toutes les préoccupations en suspens des derniers mois sont restées en 2022. Remise à zéro, célébration et créativité sont à l'ordre du jour. De nouveaux projets pourront être concrétisés. Tu as toute l'assurance dont tu as besoin pour donner vie à tes rêves. Ce trimestre t'apportera les réponses et les concrétisations dont tu avais besoin.

Sentimental

En couple

Une belle énergie préside ton couple durant ce trimestre. Pour certain·es, d'heureux événements sont à prévoir, ou bien la relation prendra un nouvel élan. Les échanges sont plus fluides, la communication s'améliore. Profite de ces instants à deux.

Célibataire

La roue est en train de tourner pour toi. Une rencontre pourrait se profiler. Apprécie ces moments de légèreté sans trop penser à plus tard. Profite et sois dans l'instant présent. Cette rencontre pourra t'apporter exactement ce dont tu as besoin à ce moment précis.

Professionnel

De la lassitude s'est installée dans ton quotidien professionnel et des choses ne te conviennent plus. Tu as besoin de te libérer et de te délester de ce que tu ne veux plus porter. Prends un peu de recul pour faire le point sur ta situation, car un choix se présentera, et il pourrait t'apporter des concrétisations. Tu as le potentiel et les portes sont ouvertes pour toi, tu n'as plus qu'à franchir ce pas.

- Chakra : sacré
- Cristal : citrine
- Animal : corbeau
- Élément : feu
- Énergie : soleil

Avril à juin

Accomplissement ✷ Passage à l'action ✷ Changements

Ce deuxième trimestre annonce la concrétisation, l'accomplissement. Toutes les idées de ce début d'année ont germé et il est temps maintenant de les accomplir, de passer à l'action. Mets de côté les peurs et les doutes, et reste focalisé·e sur les objectifs. Tu as tout pour accomplir tes rêves, alors ne te limite pas. Si tu as un objectif en tête, nous t'envoyons un gros feu vert. Ce deuxième trimestre s'annonce dynamique et plein de rebondissements.

Sentimental

En couple

Ce trimestre te permettra de te retrouver avec ta moitié, de profiter de chaque instant à deux et de savourer. Profite de cet élan d'amour. Préparez un voyage, un week-end romantique à la montagne. Ces moments te seront bénéfiques, et t'aideront à te libérer et à te déconnecter un peu des changements extérieurs.

Célibataire

En ce deuxième trimestre, il est important de te recentrer, de prendre du temps pour toi, pour être plus en phase avec ce que tu dégages et ce que tu souhaites attirer à toi. Tu es ta priorité, ne l'oublie pas. Prends le temps de te balader en forêt, de te chouchouter, de te retrouver seul·e avec toi-même. Plus tu seras bien avec toi-même, plus tu seras à même d'attirer la bonne personne.

Professionnel

Attention à ne pas t'éparpiller. Une belle et grande énergie créative est là pour toi, et tu auras tendance à vouloir aller dans tous les sens. Prends le temps, ne te précipite pas. Un nouveau projet peut être mené à terme. Ce mouvement de changement se matérialisera autant pour les personnes souhaitant entamer une reconversion ou un changement professionnel, que pour les indépendant·es avec de nouvelles ambitions.

✷ Chakra : cœur
✷ Cristal : sodalite
✷ Animal : pieuvre
✷ Élément : feu
✷ Énergie : soleil

Juillet à septembre

Imprévu ✷ Confiance ✷ Ancrage

Un événement va se présenter à toi et te déstabiliser. Cette situation ou cette personne réveillera chez toi une blessure de trahison ou l'impression de ne pas être compris·e et accepté·e à ta juste valeur. Cet événement mettra en lumière quelque chose que tu as préféré ignorer jusqu'ici. Tu étais peut-être conscient·e que cela se produirait, mais tu n'as pas été suffisamment à l'écoute de toi-même. Il s'agit d'accepter et de ne pas rester bloqué·e dans cette situation. N'oublie pas que tes choix ne doivent dépendre que de toi. Aie confiance et laisse ce qui ne te convient plus derrière toi.

Sentimental

En couple

Attention à ne pas répéter d'anciens schémas liés à ton passé. Cela pourrait nuire à ta relation actuelle. Sois davantage dans l'amour de toi et ne t'oublie pas. Souviens-toi que tu es la personne la plus importante.

Célibataire

Il est temps, si ce n'est pas déjà fait, de tirer un trait sur ton passé. Ressasser ce qui a été ne te mènera nulle part, pas plus que d'attendre ce qui sera. En étant plus ancré·e dans le présent, tu attireras à toi ce que tu désires.

Professionnel

En cette période, tu peux ressentir des doutes, de la confusion par rapport à certains projets en cours. Pour certain·es, il y aura une envie de tout réajuster et de transformer ce qui est en place. Sois dans l'instant présent et ne t'éparpille pas. Et surtout, pas de décisions sur un coup de tête, ce n'est pas le moment pour ça. Si tu travailles à faire les choses calmement et en t'écoutant, tes projets prendront la direction que tu souhaites réellement.

✷ Chakra : cœur
✷ Cristal : quartz rose
✷ Animal : corbeau
✷ Élément : air
✷ Énergie : lune

Octobre à décembre

Surprises ✷ Créativité ✷ Intuition

Ce dernier trimestre de l'année va encore t'apporter son lot de surprise. Ne te laisse pas déstabiliser par les éléments qui ont pu, par le passé, te bloquer ou créer de la frustration. Tu peux et tu es capable de créer ce que tu souhaites. Manifestation et concrétisation sont au rendez-vous durant ces mois, alors aie confiance. L'intuition sera à l'honneur. En étant dans cette énergie de lâcher-prise, en confiant tes peurs à l'Univers, tu pourras attirer à toi ce que tu exprimes, sans limite. Ta créativité est débordante, on te demande de t'en servir pour développer de grandes choses. Alors, chère Vierge, es-tu prêt·e ?

Sentimental

En couple

Tu te trouves en situation de dépendance affective, vis-à-vis de ton ou ta partenaire, ou vis-à-vis de vos enfants, ou bien tu te relègues au second plan. Tu as tendance à faire en fonction des autres et tu peux souvent te sentir déstabilisé·e quand tu te retrouves seul·e. Apprends à être plus à l'écoute de toi-même, prends des moments pour toi et sois moins dans l'attente vis-à-vis des autres.

Célibataire

Une personne du passé ou que tu connais déjà peut refaire son apparition dans ta vie. Cela aura un lien avec le côté amical, un soutien amical, de l'aide, et c'est par ce biais que cette personne reviendra. Ne crains pas de sortir de ta zone de confort et de te laisser guider par l'amour.

Professionnel

Un choix se présentera à toi : tu vas devoir être à l'écoute de ton intuition et de la façon dont il résonne en toi. Nous t'encourageons vivement à foncer. Ne te mets pas de barrière en pensant ne pas être capable, nous te connaissons si bien, chère Vierge ! Ose et vois les choses en grand.

- Chakra : plexus solaire
- Cristal : lapis-lazuli
- Animal : phénix
- Élément : eau
- Énergie : lune

GUIDANCES POUR LES

BALANCE

Janvier à mars

Attente ✱ Réflexion ✱ Changement

Chère Balance, pour ce début d'année, tu es dans une énergie d'attente. Il y a des choses que tu voulais mettre en place, entreprendre, mais qui ne sont pas encore accomplies. Tu es certainement sans nouvelles, sans résultat, ce qui génère une énergie lourde, pleine de questionnements, de confusion, de solitude, de nostalgie en lien avec le passé. Demande-toi : comment faire pour vivre les choses différemment ? Prends conscience que la perte de confiance que tu traverses aujourd'hui ne t'aide pas à aller de l'avant et à rester concentré·e sur tes objectifs. Nous tenons à te rassurer, ce n'est qu'une question de temps. Profite de ce passage pour travailler sur tes peurs et ton ancrage.

Sentimental

En couple

Les énergies sont favorables à la relation, mais il y a visiblement un problème d'auto-sabotage. Certain·es sont persuadé·es de ne pas mériter cet amour et d'autres sont focalisé·es sur des événements passés qui ne sont toujours pas digérés. Finalement, cela revient à prendre la fuite dans un cadre qui est sain. Nous t'encourageons à travailler sur toi, afin de laisser les mauvaises expériences derrière toi, pour accueillir le meilleur.

Célibataire

L'auto-sabotage est aussi présent, et une personne du passé semble vouloir faire son retour, ce qui génère de la confusion entre souvenirs et nouveau départ vers la sérénité. Il est temps de te poser les bonnes questions et de penser à ton équilibre afin de ne pas faire les mauvais choix.

Professionnel

Que de cogitations, de réflexions et de ruminations mentales ! On dirait bien que tu ne trouves pas le bouton « off » et que cela commence à sérieusement impacter ton sommeil. Tu peux avoir tendance à faire des cauchemars et cela te déstabilise beaucoup. Sache qu'un changement est en préparation mais nous t'invitons vraiment à te poser et à ne pas trop te disperser dans tes prises de décision, tu perds du temps et de l'énergie inutilement. Tu as grandement besoin de lâcher prise ! Pour certain·es, il s'agira d'un changement important puisque l'on parle d'un changement de voie. Que ce soit un lancement dans l'entreprenariat ou dans l'indépendance, ne t'inquiète pas, tu recevras de l'aide en ce sens !

- Chakra : couronne
- Cristal : aigue-marine
- Animal : canard
- Élément : eau
- Énergie : soleil

Avril à juin

Alignement ✷ Stabilité ✷ Action

Pour ce deuxième trimestre, tu sembles encore bloqué·e dans des énergies liées au passé, peut-être un événement ou des situations qui ont été traumatisantes, lourdes. Pour certain·es, des déceptions sentimentales, professionnelles, des trahisons. Pourtant, tes guides cherchent à te rassurer par certains signes que tu peux recevoir. Ils te font comprendre qu'il est temps de passer à autre chose et d'accueillir l'énergie de renouveau. Tu as suffisamment travaillé sur toi et tu n'es qu'à un pas de la récolte. Ne baisse pas les bras. Tu es guidé·e. Les résultats sont très proches, tu vas pouvoir retrouver la stabilité et accéder à ton plein potentiel. Aie de la gratitude envers chaque chose.

Sentimental

En couple

Tous les voyants sont au vert pour que ta relation fonctionne : épanouissement, harmonie, protection... Mais la peur de la déception ou de la trahison te bloque. Si tu as des doutes, des difficultés, si ton passé t'a désavantagé·e, il est temps de lâcher prise et de constater ton cheminement jusqu'à présent, combien cela t'a fait grandir. Ne reste pas bloqué·e dans ta carapace et montre-toi, montre ta force intérieure. Nous te conseillons vivement la méditation et l'ancrage pour t'aider en ce sens !

Célibataire

Tu as besoin de faire confiance à l'Univers et d'arrêter de considérer ta vie sentimentale sous un jour négatif. Tu peux t'appuyer sur tes ami·es, qui sont présent·es pour t'aider et t'épauler dans ce travail sur toi. Tu peux te sentir seul·e par moments, mais tu es entouré·e. L'amour ne fait pas tout, il y a encore des choses à travailler et le fait d'être en couple ne doit pas primer sur tout. Pense aussi à toi !

Professionnel

Du moment que tu écoutes ton cœur et que tu fais des choix qui sont alignés avec toi, les résultats seront concluants. Les personnes qui avaient en tête un projet de cœur vont pouvoir se lancer. On te donne le feu vert, ose et sors de ta zone de confort, passe à l'action dès maintenant. N'aie pas peur. Nous te recommandons de rester dans l'instant présent, car tu peux avoir tendance à te disperser. Les choses se mettent en place petit à petit... Patience !

- Chakra : racine
- Cristal : jaspe rouge
- Animal : étoile de mer
- Élément : terre
- Énergie : soleil

Juillet à septembre

Force intérieure ✷ Nettoyage énergétique ✷ Action

Ce trimestre-ci, tu es invité·e à travailler sur l'énergie que tu donnes dans ta relation à l'autre et à analyser comment cela t'impacte. Il semblerait que tu sois facilement influencé·e, et que cela crée un déséquilibre dans ton alignement personnel. Tu as besoin de te retrouver toi-même et de faire le tri pour trouver la guérison intérieure. Tu sais que certaines choses doivent être modifiées, alors cesse de les regarder de loin et lance-toi dans ce que tu n'as jamais osé faire avant ! La fin d'un cycle difficile approche !

Sentimental

En couple

Aurais-tu le sommeil troublé, dernièrement ? Il semblerait que tu sois très, voire trop, connecté·e à ton mental, en perpétuelle cogitation. Nous t'invitons à te poser et à réfléchir à ce qui bloque. Cesse de ressasser le passé, de répéter sans cesse les mêmes schémas de pensées limitantes, et exprime-toi ! Tu as la clé, mais tu te mets des bâtons dans les roues tout·e seul·e. Si tu n'agis pas, rien ne s'améliorera, cela commence à te peser, n'est-ce pas ? Et attention, il ne suffit pas de dire « oui, oui », sans pour autant appliquer les changements, passe à l'action dès maintenant !

Célibataire

Il y a une grosse attente, par ici... Et au niveau mental, tu cogites beaucoup !

Nous savons bien que tu as très peur de revivre des expériences négatives et marquantes que tu as pu vivre par le passé, mais là, il est réellement temps de lâcher ces bagages et de suivre un tout nouveau chemin, l'esprit et le cœur plus léger. Nous t'invitons à opter pour la visualisation, ainsi que pour les affirmations positives. Crée ton rituel pour parvenir à être dans une nouvelle énergie ; c'est ainsi que tu attireras une personne qui correspond à tes valeurs et à ce dont tu as envie.

Professionnel

Beaucoup de questionnements t'agitent. Tu te sens confus·e. Le passé revient. C'est comme si tu avais peur de te lancer, de faire les choses, de les dire, en raison des mauvais souvenirs que tu portes. Tu manques d'ancrage. Il y a encore des efforts à faire dans les semaines, voire les mois à venir, car, avec un peu plus d'ancrage et moins d'énergies du passé, une promotion et des opportunités seront à prévoir. Pour certain·es, ce sera un projet créatif. Les opportunités sont là, mais ralenties par tes propres freins.

- Chakra : sacré
- Cristal : apatite bleue
- Animal : éléphant
- Élément : eau
- Énergie : soleil

Octobre à décembre

Changement imminent ✱ Bilan ✱ Libération

En cette fin d'année, l'heure est au bilan. Alors, pose-toi et regarde le chemin que tu as parcouru. As-tu évolué comme tu le voulais ? Qu'est-ce qui bloque encore ton cheminement ? Une nouvelle porte n'attend que toi, il suffit de l'ouvrir une fois ce petit bilan effectué ! Néanmoins, certaines personnes auront des blessures sur lesquelles travailler, un exercice de pardon à faire. Vois cette fin d'année comme une ouverture sur quelque chose de complètement nouveau pour être dans une nouvelle énergie et enfin récolter les fruits de ton labeur.

Sentimental

En couple

Malgré les mois compliqués, certain·es auront encore de petits blocages. Cependant, pour celles et ceux qui auront effectué un travail à deux et fait évoluer la relation, une nouvelle dynamique arrive ! Cela te permettra d'être plus en paix dans ton couple et avec toi-même, mais aussi d'accéder à quelque chose que tu ne pensais pas pouvoir obtenir ces derniers mois : la concrétisation. Des choses arrivent ! Pour les autres, il vous faudra impérativement travailler la communication, cela s'avérera primordial pour affronter vos blocages.

Célibataire

Il y a eu une prise de recul, par rapport à l'année écoulée, et maintenant que le lâcher-prise est fait, des événements inattendus se produiront, peut-être même des choses que tu ne pensais pas possibles. Des changements positifs sont à venir, la paix et l'équilibre se profilent enfin !

Professionnel

Il faut regarder la vérité en face. Si tu as des doutes, si tu ressens un décalage par rapport à ce que tu vis et ce que tu aimerais, c'est le moment d'agir enfin, si cela n'est pas déjà fait. Certaines personnes n'ont peut-être pas pu se lancer dans le changement à cause de fortes responsabilités ou par peur de sortir d'une certaine zone de confort, mais il est temps de prendre conscience que les choses doivent changer. Cela prendra encore un peu de temps. Mais en opérant cette prise de conscience, de bonnes nouvelles sont à prévoir. Ce que tu vis est là uniquement pour ton bien et te permettra d'attirer des choses plus alignées. Ainsi, tu te feras davantage confiance.

- Chakra : couronne
- Cristal : citrine
- Animal : bison
- Élément : feu
- Énergie : lune

GUIDANCES POUR LES

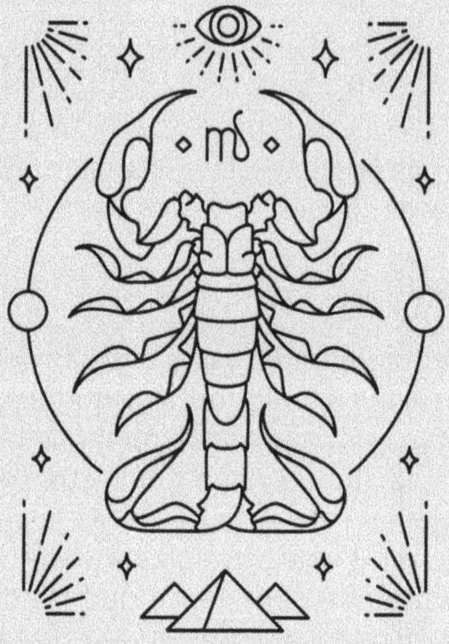

SCORPION

Janvier à mars

Alignement ✷ Recul ✷ Changements

Cher Scorpion, ces derniers mois ont pu être difficiles à gérer émotionnellement. Tu as pu traverser une période ou des événements difficiles à encaisser. En réalité, c'était ce dont ton âme avait besoin pour retrouver son alignement. Tu as toutes les clés en main, en ce début d'année, pour aller dans la direction que tu souhaites. La récolte sera au rendez-vous pour tout ce que tu décideras de mettre en place. Il est temps pour toi de passer à l'action et d'aller de l'avant. La situation est plus claire que ce que tu crois.

Sentimental

En couple

Tu peux rencontrer des problèmes en ce qui concerne l'équité de la relation. Tu as peut-être la sensation que tu donnes plus que ce que tu reçois, ou inversement ; ton ou ta partenaire te le reproche et cela crée des désaccords ou des déceptions entre vous. Tu peux avoir tendance à te refermer sur toi-même, lassé·e de cette situation. Il est essentiel de prendre un peu de recul pour pouvoir remettre de l'ordre et retrouver l'équilibre. En faisant le point avec toi-même et en étant pleinement honnête, tu sauras trouver les bonnes solutions pour ton couple.

Célibataire

Des déceptions et des chocs en lien avec ta vie sentimentale ont pu survenir ces derniers mois. Pour te protéger, tu as dû te refermer sur toi-même, mais voici que le bout du tunnel se rapproche enfin ! Il y a encore des choses à traiter, des plaies à panser, et il te faudra te libérer de certaines blessures ou schémas du passé pour retrouver ton équilibre et avancer sereinement vers le renouveau sentimental qui t'attend.

Professionnel

En ce début d'année, tu es invité·e à ne pas te limiter et à ne te fixer aucune barrière. Tu peux avoir des envies de changement, de nouveaux projets ou de prendre une décision considérable pour ton avenir professionnel. En ce premier trimestre, tu es pleinement encouragé·e à oser. Oser faire ce premier pas en avant pour amener une nouvelle dynamique dans ce domaine. Succès, abondance et épanouissement sont à la clé. Ces changements, quels qu'ils soient, du moment qu'ils sont alignés avec ces nouvelles envies, seront protégés et guidés. Pour certains Scorpions, des déplacements sont à prévoir.

✷ Chakra : couronne
✷ Cristal : apatite bleue
✷ Animal : abeille
✷ Élément : terre
✷ Énergie : lune

Avril à juin

Passage à l'action ✱ Pensées positives ✱ Ancrage

C'est la fin de quelque chose, et le début d'un nouveau cycle pour toi. Tu vas pouvoir écrire une nouvelle page de ton existence. Elle sera là pour te tester, faire ressortir tes forces intérieures et te permettre de te révéler, de prendre des décisions, de passer à l'action et de mettre des choses en place concrètement. Visualiser, se projeter, rêver, c'est bien, mais il faut maintenant passer à l'action. Ne dit-on pas que le plus petit pas dans la bonne direction peut être le plus grand de toute une vie ? Aide-toi de la méditation si tu as besoin de réponses ou de clarté. Cela te permettra d'être dans l'instant présent et focalisé·e sur tes objectifs.

Sentimental

En couple

Ce trimestre s'annonce plus fluide et stable pour les couples. Toutes les attentes ou questionnements que tu avais ces derniers mois s'estompent naturellement et tu vis ce dont tu avais envie pour ta relation. En étant ancré·e et en pratiquant la visualisation positive, tu trouveras le moyen de faire grandir ton couple encore plus.

Célibataire

On n'y croyait plus ! Combien de temps as-tu passé à espérer secrètement rencontrer quelqu'un ? Eh bien, c'est enfin là. Cela peut te sembler irréel, inespéré, mais grâce au lâcher-prise, cela se présente à toi. Cette rencontre pourra déboucher sur quelque chose de durable, alors, continue à être dans des vibrations positives pour attirer à toi ce que tu désires. Et surtout, fais-toi confiance.

Professionnel

Si tu continues à t'éparpiller et à te précipiter, tu risques de connaître des déceptions. Pour ce trimestre, il est essentiel de travailler ton ancrage, en laissant au passé ce qui lui appartient et en accueillant le futur sans vouloir garder le contrôle. Ce manque d'ancrage peut te faire passer à côté d'opportunités et te déconnecter de ton intuition. Tu peux également attirer à toi des personnes malintentionnées ou de fausses promesses. Reste connecté·e à ce qui se passe et prends des décisions en conséquence. Il est également important que tu te libères de la peur du regard des autres. Ne cherche pas leur approbation à tout prix avant de prendre des décisions ; choisis en fonction de ce qui vibre en toi.

- Chakra : racine
- Cristal : howlite
- Animal : aigle
- Élément : terre
- Énergie : lune

Juillet à septembre

Introspection ✷ Intuition ✷ Décisions

C'est à l'intérieur que tu trouveras les réponses, et non à l'extérieur. En ce moment, tu peux être dans une situation qui ne te convient pas ou plus, dans une position inconfortable depuis laquelle tu as du mal à t'exprimer. Tu peux avoir la sensation de ne pas recevoir assez vis-à-vis de ce que tu donnes, et tu crées malgré toi des attentes de la part des autres. Pour ce semestre, tu es invité·e à faire le point avec toi-même et à prendre des décisions en conséquence. Cette remise en question est nécessaire pour retrouver un équilibre et être aligné·e.

Sentimental

En couple

Ce trimestre, il serait bon de faire le point. La passion, c'est bien, mais gare à ce que cela ne devienne pas toxique par la suite. Tu dois méditer et écouter ton intuition par rapport à ton couple. Est-ce que la relation est fiable et saine dans le temps ? Si cela n'est pas le cas, il est temps pour toi de faire un choix ou de travailler sur les aspects négatifs de la relation pour trouver le bon équilibre.

Célibataire

L'intuition et la confiance seront tes meilleures alliées pour ce trimestre. Il est temps de faire le point vis-à-vis de ta situation actuelle et de faire un choix. Pour certain·es, il faudra se concentrer sur une rencontre récente qui peut ne pas être saine. Pour d'autres, il faudra veiller aux pensées vis-à-vis de soi-même. Ne laisse pas les tendances autodestructrices prendre le pas, cela ne te permettra pas d'avancer. Prends conscience de ce que tu mérites et de ce que tu as tendance à t'infliger par manque de confiance.

Professionnel

Nous savons qu'il est parfois difficile de faire un choix, surtout si celui-ci engendre un défi. Mais nous savons également que, lorsque nous prenons des décisions qui sont alignées avec ce qui vibre en nous, les résultats sont toujours bénéfiques. Libère-toi de tes doutes, de la peur des conséquences ou de ce que vont penser les gens. Si tu as une envie en particulier, ce n'est pas un hasard, libère-toi de tes freins, ose aller vers ce que tu souhaites et affirme pleinement qui tu es.

- Chakra : racine
- Cristal : obsidienne œil céleste
- Animal : étoile de mer
- Élément : feu
- Énergie : soleil

Octobre à décembre

Récolte ✷ Surprise ✷ Choix

L'année se termine sur une note positive pour toi. Les défis des derniers mois sont derrière et tu peux enfin célébrer cette belle évolution. Prends conscience du parcours accompli, de l'assurance et de la confiance acquises, et récolte les fruits de ton travail. Durant ce trimestre, il y aura des surprises, des événements qui se présenteront et qui n'étaient pas prévus au programme. Continue à répandre cette énergie positive autour de toi et laisse-toi guider par le rythme de la vie.

Sentimental

En couple

Il y a comme un nouveau départ dans l'air. Quelque chose prend fin. Certain·es auront pris conscience des problèmes concernant la relation et devront en faire le deuil ; d'autres, au contraire, auront su trouver les solutions pour améliorer la situation. Les zones d'ombre sont mises en lumière, plus question de se mentir à soi-même. Il y a une leçon à tirer de chaque événement, et il est important que tu comprennes pourquoi tu as vécu cela, pourquoi certaines choses se répètent, etc.

Célibataire

Tu es encore très impacté·e par une déception du passé et cela entraîne chez toi des doutes et des frustrations intérieures. Certains fantômes pourraient resurgir également et il faudra observer la situation avec un peu de recul ; comprendre pourquoi le passé est aussi présent dans ta vie et comment guérir pour avancer.

Professionnel

Es-tu réellement aligné·e avec toi-même au niveau professionnel ? Ce trimestre va t'apporter son lot d'opportunités, ce qui te permettra de te poser les bonnes questions. Si tu ressens que les énergies sont actuellement trop lourdes pour toi, c'est qu'il est temps de faire des choix en conséquence. Pour celles et ceux qui sauront aller vers ce qui vibre, l'énergie sera plus légère, la créativité battra son plein et de belles opportunités seront à saisir.

✷ Chakra : sacré
✷ Cristal : rhodochrosite
✷ Animal : dauphin
✷ Élément : eau
✷ Énergie : soleil

GUIDANCES POUR LES

SAGITTAIRE

Janvier à mars

Fin de cycle ✷ Libération ✷ Équilibre

Cher Sagittaire, pour toi, en ce début d'année, il y a quelque chose qui se termine ou qui va se terminer pour te conduire vers une nouvelle énergie. C'est le moment idéal pour faire le point par rapport à ce que tu vis et ce qui ne va pas dans ta vie, ou qui ne te convient plus. Vois la vérité en face et prends des décisions en conséquence. Tu n'es pas aligné vis-à-vis de ce dont tu as besoin et ces changements, quels qu'ils soient, porteront leurs fruits.

Sentimental

En couple

L'heure est au bilan. Il faudrait regarder où tu en es dans ta relation et faire le point. Des événements qui n'ont pas été digérés peuvent créer de l'instabilité dans ton couple. Il faut que tu te retrouves afin d'envisager la suite de la relation et de voir comment elle peut évoluer. Cela peut symboliser une fin ou un nouveau départ. Les réponses que tu attends arrivent durant ce trimestre.

Célibataire

Veux-tu vraiment te libérer de ton passé et accéder à une nouvelle page de ta vie ? Le travail a été effectué, et pourtant, tu continues à porter sur ton dos le poids de douleurs qui, aujourd'hui, sont censées être réglées. Décide dès maintenant de t'en libérer, de sortir de ta zone de confort et d'accéder au nouveau départ qui t'attend.

Professionnel

Au niveau professionnel tu peux te retrouver dans des situations complexes ou face à des événements lourds à encaisser. Certain·es peuvent ressentir beaucoup de fatigue en ce premier trimestre. Tous ces événements et ces énergies sont là pour te pousser à faire un choix. C'est grâce à lui que tu retrouveras l'équilibre et le bien-être au travail. Tu t'es éloigné·e de ce qui t'épanouit et te passionne dans ta profession ; il est temps de te reconnecter à ce qui vibre en toi. Certain·es pourront être confronté·es à des personnes jalouses ou pas forcément bienveillantes, ce sera là aussi un signal d'alarme à ne pas négliger : il faut que les choses changent.

✷ Chakra : cœur
✷ Cristal : cristal de roche
✷ Animal : corbeau
✷ Élément : air
✷ Énergie : soleil

Avril à juin

Blocages ✷ Déséquilibres ✷ Protection

En ce deuxième trimestre, tu peux rencontrer des peurs ou des blocages par rapport à une situation qui ne te convient pas ou plus. L'action est la clé. En décidant dès maintenant de te libérer de ce qui n'est plus bon pour toi, tu iras vers une nouvelle dynamique. Tu as parfois tendance à fermer les yeux sur ce qui ne te convient pas, par peur des conséquences ou de l'avis des autres. Méfie-toi, car en restant dans ces dispositions, tu pourrais passer à côté de projets ou d'opportunités positives pour toi.

Sentimental

En couple

Tu peux rencontrer des déséquilibres dans ta relation, comme une contrainte ou une peur de prendre une décision, d'admettre la vérité et d'oser faire le premier pas pour que les choses changent. Tu éprouves aussi sans doute de la culpabilité à l'idée de prendre cette décision. Nous t'encourageons à affronter tes craintes, même si cela peut générer des bouleversements. L'essentiel est que chacun·e retrouve son équilibre pour avancer plus sereinement.

Célibataire

Tu as pu vivre des déceptions par le passé et, aujourd'hui, tu préfères la solitude pour éviter de souffrir. Au fond, tu as envie de te libérer de ta carapace et de t'ouvrir à nouveau, mais la peur est bien trop forte. Nous t'invitons à couper ces liens que tu entretiens avec ton passé et qui alimentent tes blessures. Ose enfin croire que tout est possible. Ne sois pas ton propre frein.

Professionnel

Au programme, pour ce trimestre : opportunités et changements. Celles et ceux qui avaient la sensation de ne pas être à la bonne place trouveront des réponses à leurs questions. N'oublie pas de rester connecté·e à ton intuition et d'oser aller vers les changements qui se présentent à toi. C'est une période de protection et de réalisation. Si tu vas vers ce qui vibre, les obstacles seront écartés et cela te permettra d'entrer dans une énergie de chance et d'abondance.

- Chakra : plexus solaire
- Cristal : améthyste
- Animal : lion
- Élément : feu
- Énergie : lune

Juillet à septembre

Nouveau cycle ✷ Communication ✷ Positivité

Ces derniers mois ont pu te sembler difficiles, mais ce n'est pas le moment de te replier sur toi, car, même si tu ne le vois pas encore, tu arrives dans un nouveau cycle, une nouvelle énergie et même vers la guérison. C'est un trimestre propice à l'amour de manière générale. Les solutions aux problèmes seront apportées et tout prendra une nouvelle tournure. Laisse-toi guider par ces nouveautés et ne te laisse pas happer par des schémas du passé. Ta mission, si tu l'acceptes : rester focus sur tes objectifs et avancer sereinement.

Sentimental

En couple

Il y a un nouvel élan, un nouvel équilibre dans ta relation. L'harmonie est retrouvée, les efforts mis en place dernièrement vont dans le bon sens. Tu vas enfin pouvoir souffler. Tu es invité·e à instaurer une nouvelle façon de communiquer avec ton ou ta partenaire pour maintenir cette stabilité sur le long terme.

Célibataire

Roue qui tourne, nouvel équilibre, voilà les mots-clés pour ce trimestre. Tu as su te réconcilier avec toi-même, reprendre confiance en toi, être plus en paix et ce sont les ingrédients parfaits pour laisser la place à quelqu'un dans ta vie. Continue sur cette voie-là, affirme qui tu es et tu attireras à toi les bonnes personnes au bon moment.

Professionnel

Attention à tes pensées ! Tu as sûrement déjà entendu cette phrase qui dit que l'on attire à soi ce que l'on pense ? Veille à ne pas être dans la négativité et à ne pas laisser des pensées limitantes t'empêcher d'avancer. En étant dans des énergies positives et d'ouverture, tu retrouveras l'équilibre et l'harmonie au niveau professionnel. Il y a peut-être quelques transformations à faire pour être pleinement aligné·e avec ce que tu veux, mais le succès sera au rendez-vous. Alors, reste confiant·e et ne baisse pas les bras.

- Chakra : cœur
- Cristal : rhodonite
- Animal : chèvre
- Élément : eau
- Énergie : soleil

Octobre à décembre

Nouveautés ✷ Engagement ✷ Fatigue

Ces derniers mois t'ont permis d'avancer, d'évoluer et nous t'invitons à continuer dans ce sens. Il ne faudrait pas t'arrêter en si bon chemin ! Certain·es seront amené·es à faire un choix ou se sentiront comme perdu·es face à tous les changements survenus. Ce n'est pas le moment de te poser trop de questions. Plante dès maintenant les graines de ton avenir pour pouvoir récolter les fruits par la suite. Regarde ce que tu as accompli, vois tout le positif que les changements effectués t'ont apporté et fais-en ta force. Certain·es débuteront des formations ou apprentissages, d'autres se lanceront dans un nouveau projet. Connecte-toi à tes désirs les plus profonds et crois en tes rêves.

Sentimental

En couple

Des événements, des surprises arrivent, en cette fin d'année, pour venir consolider vos liens. Des choses se préparent : pour certain·es, il s'agira d'un engagement ou d'un heureux événement. Tout cela se produira sans que tu t'y attendes, et amènera une énergie positive au sein du couple, voire une nouvelle dynamique. Prends conscience de tous ces changements positifs et sois dans la gratitude.

Célibataire

Une rencontre se prépare pour toi. Peut-être une nouvelle personne ou une rencontre avec toi-même. Tu te retrouves et tu entres dans une nouvelle dynamique, fluide et passionnelle. Tout se fait naturellement et cela t'apporte beaucoup de sérénité. Laisse-toi guider et exprime ta gratitude.

Professionnel

STOP ! Ça va dans tous les sens, en cette fin d'année. Certain·es manquent d'ancrage et se dispersent, d'autres n'ont pas matérialisé les changements et se sentent épuisé·es. Prends un temps de pause pour te reconnecter à tes envies. Pour repartir dans une nouvelle dynamique, il est important que chaque action te permette d'avancer dans la bonne direction pour toi.

✷ Chakra : sacré
✷ Cristal : unakite
✷ Animal : baleine
✷ Élément : terre
✷ Énergie : soleil

GUIDANCES POUR LES

CAPRICORNE

Janvier à mars

Accomplissement ✱ Équilibre ✱ Choix

Cher Capricorne, ce premier trimestre est synonyme d'accomplissement. Tu commences l'année en te délestant de choses qui ne te convenaient plus. Un nouvel équilibre s'installe et tu vas pouvoir te concentrer sur tes objectifs. Des projets seront menés à bien et il faudra rester concentré·e, croire en tes rêves, et continuer dans cette dynamique, car tu vas pouvoir l'abondance suivra sans faute.

Sentimental

En couple

Il y a pu avoir des tensions, ou des disputes dans ta relation, quelque chose qui te préoccupait et qui générait de la frustration et des angoisses. En ce premier trimestre, l'équilibre reviendra : des réconciliations, un départ plus sain sont à prévoir. Il reste encore des aspects peut-être plus profonds à travailler, mais aie confiance en la suite, car il y a des issues favorables.

Célibataire

Pour certain·es, une ancienne relation a encore de l'impact dans la vie sentimentale actuelle. Cette relation est peut-être restée inachevée. Il y a une possibilité de réconciliation ou de retour de la personne à qui tu penses. Tu dois peser le pour et le contre, être sûr·e que c'est en accord avec tes valeurs et ce dont tu as besoin pour pouvoir redémarrer la relation sereinement.

Professionnel

Pour retrouver l'équilibre et l'harmonie dans ta vie professionnelle, un choix sera nécessaire. Fermer les yeux sur les changements à effectuer ne te permettra pas d'avancer. Il est temps d'être honnête avec toi-même, de voir la vérité en face et de faire le point. Plus ton choix sera aligné et connecté avec tes besoins et tes envies, plus tu attireras à toi les bonnes opportunités.

- Chakra : cœur
- Cristal : cristal de roche
- Animal : pieuvre
- Élément : eau
- Énergie : soleil

Avril à juin

Blocages ✷ Lâcher-prise ✷ Renouveau

En ce deuxième trimestre, tu te sens peut-être bloqué·e ou frustré·e. En réalité, malgré les bonnes énergies du début d'année, tu es encore attaché·e à des situations ou contraintes en lien avec ton passé. Ces situations te bloquent et t'empêchent d'avancer. Il est temps maintenant d'affronter tes peurs et tes vieux démons pour pouvoir sortir de ce cycle, renaître sans ces bagages qui t'alourdissent.

Sentimental

En couple

C'est une période plus ensoleillée qui arrive pour toi. Tu retrouves enfin l'épanouissement et l'harmonie dans ton couple. Tu fais table rase des préoccupations des derniers mois et tu avances plus sereinement. Certains sujets qui pouvaient créer des discordes au sein du couple doivent encore être ajustés, et la communication sera de mise pour entrer dans cette nouvelle énergie plus harmonieuse et protégée. Cesse de t'inquiéter, il y a tout le potentiel pour que vous puissiez à nouveau être épanouis dans la relation.

Célibataire

Le bout du tunnel arrive enfin pour toi. Ces derniers mois, tu as pu travailler sur les blocages qui t'empêchaient d'être heureux·se et le temps fait bien les choses. Tout est réuni pour que tu puisses accueillir le renouveau sentimental dans les meilleures conditions. En étant dans une énergie de lâcher-prise, en méditant, en prenant du temps pour toi et en restant ancré·e à l'instant présent, tu attireras à toi ce que tu désires.

Professionnel

Tu peux avoir du mal à accepter le changement et c'est ce sur quoi tu vas devoir travailler durant ce trimestre. Le changement fait partie de ton cheminement, s'il se présente à toi, c'est qu'il t'est nécessaire. En te libérant de tes peurs, de tes doutes, de tes croyances ou de ton besoin de contrôle, tu bénéficieras d'une meilleure énergie. Ne reste pas dans cet entre-deux inconfortable, libère-toi de tes attentes et passe à l'action. Ta zone de confort ne te permettra pas d'évoluer.

✷ Chakra : racine
✷ Cristal : rhodonite
✷ Animal : libellule
✷ Élément : air
✷ Énergie : lune

Juillet à septembre

Émotions ✷ Libération ✷ Opportunités

C'est une période plus calme qui s'annonce où tu auras la sensation que rien ne bouge. Cette pause est nécessaire pour toi, pour te recentrer, faire le point par rapport à ce que tu vis ou a pu vivre ces derniers mois. Tu seras peut-être confronté dans certains domaines de ta vie à de la jalousie ou des personnes malveillantes qui profitent de la confiance que tu leur accordes. Prends le temps de comprendre pourquoi ces événements se produisent et protège tes idées. Le fait d'exposer ses envies ou ses rêves peut parfois être mal perçu et mieux vaut garder pour soi ce qui nous tient à cœur.

Sentimental

En couple

C'est une période un peu agitée au niveau émotionnel. Des peurs ou des émotions remontent et te font douter, remettre en question ta relation. Vois-les plutôt comme un nettoyage. Si elles ressortent, c'est qu'il faut les comprendre et les accepter pour les libérer. Tu pourrais, par exemple, faire l'exercice de libération (p. 193). En recherchant trop le contrôle de tes émotions, tu pourrais passer à côté de beaux moments dans ta relation. Ce trimestre est placé sous le signe de la protection, tout est mis en place pour que cela perdure dans le temps, alors aie confiance.

Célibataire

Tu es encore un peu trop dans l'attente et tu peux avoir du mal à te projeter dans une relation par peur de revivre des choses douloureuses. Ton passé t'a rendu·e exigeant·e et te fait parfois passer à côté de certaines personnes qui pourraient correspondre à ce que tu recherches. Peut-être même que tu es déjà en contact avec l'une d'elles. En ce trimestre, une relation semble avoir tout le potentiel nécessaire pour s'établir, alors ouvre les yeux et accueille l'amour.

Professionnel

C'est une période propice aux opportunités et aux propositions en tout genre. Cela va nécessiter des réflexions de ta part et un choix devra être fait. Nous t'invitons à te fier à ton intuition, à rester connecté·e à toi-même, mais également à prêter attention à tes rêves, car il se peut que tes guides t'aident ou t'envoient des réponses par ce biais. Quelle que soit ta décision, ce sera le bon choix pour toi, et l'harmonie comme l'épanouissement seront à la clé.

✷ Chakra : plexus solaire
✷ Cristal : œil-de-tigre
✷ Animal : bison
✷ Élément : terre
✷ Énergie : lune

Octobre à décembre

Attentes ✳ Confiance en soi ✳ Concrétisations

Nous savons que tu as tendance à prendre les autres en compte et à agir beaucoup trop en fonction d'eux. Cette façon de faire t'empêche de prendre des décisions par toi-même. Tu peux parfois te sentir comme contraint·e de faire certains choix, mais il ne tient qu'à toi de te libérer des envies de ton entourage. L'avis des autres, c'est la vie des autres, comme on dit. Ne crains pas de blesser, cesse de culpabiliser ou de te sentir redevable. Sois à l'écoute de ton intuition, recentre-toi et surtout lâche prise, tu pourras alors enfin prendre des décisions alignées et qui vibrent en toi.

Sentimental

En couple

Être dans l'accueil plutôt que dans l'attente, voilà ta mission pour cette fin d'année. Tout est réuni pour que tes désirs et tes attentes se concrétisent. Les obstacles, qu'ils soient réels ou imaginaires, seront mis de côté. Ce sera une période favorable à la réalisation et au renforcement des liens. Certain·es pourront atteindre un nouveau degré d'engagement ou même accueillir un heureux événement, en tout cas, une transformation positive dans la relation. Lâche prise et laisse-toi guider par les cadeaux de l'Univers.

Célibataire

Ces derniers mois, tu pouvais être dans une certaine attente ou avoir des exigences par rapport à une rencontre ou des situations de ton passé, ce qui créait des blocages. Les obstacles sont mis de côté pour cette fin d'année et le travail effectué porte ses fruits. Tu peux enfin entrer dans une nouvelle énergie, créer de nouvelles connexions, et être plus aligné·e, serein·e dans ta vie sentimentale. Au programme : libération et protection. Profites-en !

Professionnel

Tu peux te sentir perdu·e face au choix que tu dois faire, comme bloqué·e dans un entre-deux inconfortable. Tu ne peux pas garder le contrôle sur tout et si on te pousse à effectuer ce choix, c'est pour ton bien, pour ton évolution, cela fait partie de ce que tu dois vivre pour avancer. Pour celles et ceux qui écouteront leur cœur et qui prendront des décisions en conséquence, il y aura des concrétisations, plus de confiance en soi, et surtout une énergie de protection pour que tout ce qui sera entrepris soit couronné de succès.

- Chakra : cœur
- Cristal : rhodochrosite
- Animal : chèvre
- Élément : air
- Énergie : soleil

GUIDANCES POUR LES

VERSEAU

Janvier à mars

Abondance ✷ Instant présent ✷ Gratitude

Cher Verseau, tu pouvais avoir des attentes ces derniers mois, et ce suspense a entraîné des frustrations et des réflexions. Ce premier trimestre de l'année vient répondre à tes interrogations par une ou plusieurs bonnes nouvelles. Soulagement, récolte et abondance sont à portée de main, et il te faudra faire preuve de gratitude pour ces cadeaux que tu recevras. Les doutes et les peurs sont éliminés, place aux synchronicités et à la célébration. Sois dans l'instant présent, aie confiance et ne doute plus.

Sentimental

En couple

Pour certains couples, ce trimestre rime avec engagement, mariage ou confirmation au sein de la relation. Pour d'autres, des projets en commun, un voyage qui sera propice aux rapprochements, pour resserrer les liens.

Célibataire

Ce trimestre t'invite à réfléchir à ton mode de pensée. Essaye la pensée positive ou la visualisation, c'est de cette manière que tu attireras à toi la personne que tu recherches. Quelqu'un du passé peut ressurgir, ce sera comme un défi à relever, pour te permettre de te fier à ton intuition, d'écouter les signes que l'on t'envoie et de prendre des décisions en fonction.

Professionnel

Certain·es ressentiront le besoin de sortir de la routine, d'oser la nouveauté. Pour d'autres, ce sera un projet qui prendra plus d'ampleur. Nous t'encourageons à voir grand, tout en restant dans l'instant présent, sans t'éparpiller. De nombreuses portes peuvent s'ouvrir à toi, fais-toi confiance et va vers ce qui vibre.

✷ Chakra : cœur
✷ Cristal : citrine
✷ Animal : ours
✷ Élément : feu
✷ Énergie : soleil

Avril à juin

Créativité ✷ Opportunités ✷ Concentration

Des opportunités sont à prévoir, en ce deuxième trimestre. Tes idées fusent, tu es en plein élan de créativité et tu fourmilles d'idées de nouveaux projets. Tu plantes enfin des graines pour les faire germer. Prends du temps, malgré tout, pour te ressourcer, te balader en pleine nature et ne pas t'oublier. Ne néglige pas ce côté-là, car c'est ce qui te permettra de ne pas t'éparpiller et de rester concentré·e sur toutes ces nouvelles choses qui arrivent.

Sentimental

En couple

Pour certain·es, ce deuxième trimestre va ressouder le couple et vous donner l'envie de construire un foyer, d'agrandir la famille. Pour d'autres, le couple aura besoin d'un temps hors des préoccupations de la vie extérieure, du quotidien, de la routine, afin de se retrouver. Si vous en avez, laissez les enfants chez la nounou et réservez-vous un petit week-end en amoureux.

Célibataire

Tu as besoin de te libérer et de cesser de répéter les mêmes schémas. Tu te laisses complètement dominer par tes habitudes et tu en oublies de passer à l'action. En te libérant de ces mauvais réflexes, en travaillant ton amour de toi, tu attireras à toi ce que tu veux réellement.

Professionnel

Tu as besoin de faire le point car de nombreuses opportunités sont à prévoir. Ne te précipite pas, mais nous confirmons que ton projet en tête a tout le potentiel pour se réaliser.

- Chakra : gorge
- Cristal : aventurine verte
- Animal : jaguar
- Élément : air
- Énergie : soleil

Juillet à septembre

Confusion ✷ Défis ✷ Harmonie

Ce trimestre sera peut-être synonyme de confusion, de doute. Tu pourrais être dans l'attente de réponses ou de confirmations, et cela te frustre sûrement. Nous tenons à te rassurer, les réponses que tu attends vont arriver. Accepte ce temps d'attente pour te recentrer, faire le point de ta situation et surtout lâcher prise.

Sentimental

En couple

Certain·es auront peut-être des défis à relever pour ce trimestre : une dépendance affective ou des attentes vis-à-vis du ou de la partenaire. Plus tu resteras dans ces énergies, plus tu bloqueras l'évolution de ta relation. Pour celles et ceux qui réussiront à travailler sur cet aspect-là, la concrétisation sera à la clé.

Célibataire

Cher·ère célibataire, tu t'attends peut-être à une rencontre ou à revoir une personne rencontrée récemment. C'est une bonne nouvelle ! Mais ces énergies d'attente te font peut-être aussi retomber dans de vieux schémas que tu as tendance à répéter, et éloignent ce qui est prévu pour toi. Tu es ta priorité, alors pense à t'aimer avant tout.

Professionnel

Durant ce trimestre, certain·es se retrouvent bloqué·es dans une situation qui ne leur convient plus. Attention à ne pas tomber dans le piège de la fierté ; à force de faire croire aux autres que tout va bien, tu finiras par t'en persuader toi-même. N'aie pas honte de cet inconfort. Si tu réussis à t'écouter et à aller vers ce qui te fait vibrer, l'harmonie sera là pour toi. Certain·es auront des idées de projets plutôt spirituels ou différents de ce dont on a l'habitude. Leur défi sera de ne pas se fier au regard des autres et d'oser se lancer.

- Chakra : racine
- Cristal : onyx
- Animal : girafe
- Élément : feu
- Énergie : lune

Octobre à décembre

Lâcher-prise ✷ Communication ✷ Harmonie

La fin d'un passage difficile s'annonce pour toi. Il est temps maintenant de lâcher prise, de te détacher des rancœurs du passé et d'accueillir ces nouvelles énergies qui arrivent. Fais preuve de sagesse, essaye de comprendre ce qui t'a amené·e à ces événements. C'est de cette manière que tu réussiras à te libérer. Il n'y a pas d'erreur, que des leçons.

Sentimental

En couple

Un changement se prépare dans ton couple et cela peut provoquer des tensions ou, du moins, des discussions. Pour garder l'harmonie, ne laisse pas les non-dits s'installer, communique et accueille ces changements, car ils sont là pour mettre en place certaines choses. Cette mise à jour est nécessaire pour ta relation.

Célibataire

Une rencontre ou un changement dans ton mode de pensée peut se préparer. Cela te permettra d'être dans les bonnes énergies pour attirer à toi ce que tu veux. Aie confiance, crois en l'impossible et ne te dévalorise pas.

Professionnel

C'est une fin d'année mouvementée pour toi. Tu auras certains choix à faire pour t'amener à ce que tu espères. Ne te laisse pas influencer par les avis extérieurs et reste concentré·e sur ton objectif. Le choix que tu feras sera bénéfique pour toi et te permettra d'aller vers l'abondance, l'épanouissement et l'harmonie. N'hésite pas à sortir de ta zone de confort, c'est en dehors de celle-ci que les opportunités peuvent se présenter.

- Chakra : troisième œil
- Cristal : shungite
- Animal : phénix
- Élément : terre
- Énergie : lune

GUIDANCES POUR LES

POISSONS

Janvier à mars

Lâcher-prise ✱ Réajustements ✱ Action

Cher poisson, ce début d'année est synonyme de renaissance. Quelque chose a pris fin en 2022 et va prendre une nouvelle tournure cette année. Tu as évolué et acquis de nouvelles connaissances et envies. Tu as envie de tisser ta toile, d'aller développer encore davantage ta créativité sans limite tout en te délestant de tes peurs ou blocages passés. Une belle évolution est en route…

Sentimental

En couple

Donner et recevoir sont des notions qui posent problème dans ton couple C'est comme s'il y avait un déséquilibre au niveau de ta relation. Tu peux peut-être même te sentir en décalage, pas aligné·e, bloqué·e ou blasé·e. Peut-être faut-il mettre un peu d'action là-dedans. Accepter les choses à contrecœur ou se contenter d'une situation non épanouissante n'est pas la solution, tu le sais. Des prises de décision sont à prévoir. Pour certain·es, cela permettra de transformer la relation afin de retrouver un équilibre sain, et pour d'autres, de repartir chacun·e de son côté pour retrouver indépendance et légèreté.

Célibataire

Un deuil n'a pas été fait et cela biaise complètement ta façon d'accueillir l'amour dans ta vie. En ce sens, ta vision est complètement floutée et tu te bloques dans des énergies appartenant au passé. Cette ancienne relation n'a pourtant plus sa place dans ta vie, mais elle t'empêche de t'ouvrir au renouveau. Tu passes très certainement à côté de belles opportunités, qui te permettraient d'accéder enfin à l'équilibre que tu recherches tant. Prends conscience que tu as la possibilité d'avancer et de faire tourner la roue en te libérant de tes chaînes !

Professionnel

Tu peux avoir une passion ou une envie forte d'entreprendre quelque chose. Quelque chose en résonance avec tes rêves. Tu as à la fois envie d'oser et de donner vie à cette passion, et très peur de ne pas être à la hauteur ou de manquer financièrement. Cela génère des remises en question perpétuelles, des émotions contradictoires et de l'inconfort. Tu as besoin de t'écouter, de te faire confiance et de prendre conscience que, si tu as la chance d'avoir quelque chose qui te passionne tant, il ne faut pas passer à côté de cette belle opportunité de l'exprimer. Lâche prise et ose ! Même si ce n'est pas tout lisse ou que tu commets des erreurs, ce sera vraiment bénéfique pour toi.

- Chakra : plexus solaire
- Cristal : pyrite
- Animal : chameau
- Élément : eau
- Énergie : soleil

Avril à juin

Confusion ✱ Mouvement ✱ Nouveau cycle

C'est une période un peu plus confuse qui s'annonce pour toi, ce nouveau trimestre. Tu peux te sentir seul·e, ne pas savoir où tu vas, ni quel chemin emprunter. Des émotions peuvent refaire surface et te submerger, tu te sens comme bloqué·e dans un long et sombre tunnel sans fin. Cela peut paraître rude, mais c'est un passage obligé pour venir nettoyer ce qu'il reste et aller vers un nouveau cycle plus serein et plus aligné. Ce sera difficile, mais tu vas apprendre de cette période et cela te permettra d'avancer.

Sentimental

En couple

Pour celles et ceux qui ont traversé des périodes de crises, il reste des moments lourds ou un peu chaotiques. Déception, questionnements et beaucoup d'émotions pèsent sur toi, et tu aurais sûrement besoin de venir nettoyer pleinement ces émotions et de t'ouvrir à quelque chose de plus sain. Prends soin de toi, travaille ton ancrage, médite, prends le temps d'aller dans la nature pour être vraiment connecté·e. En ce sens, des événements inattendus peuvent se produire ; des transformations et des issues positives sont à prévoir avec, pour certain·es, une projection et une création à deux.

Célibataire

Nous t'invitons à laisser de côté le mental, les peurs, les doutes, pour te reconnecter à ton cœur et à ton intuition. Ce mode de pensée génère des blocages. Tu as besoin de lâcher prise, de prendre du temps pour toi, d'être plus proche de la terre mère, Gaïa, tout comme de ton for intérieur, afin de rompre avec des attentes trop présentes. Tout se fera naturellement, rien ne presse.

Professionnel

Tu t'approches de la fin d'un contrat ou d'un projet professionnel, et tu auras un choix à faire en ce sens. C'est à ta portée. Les opportunités et les possibilités sont là, mais tu te crées tes propres obstacles. Prends-en conscience et libère-toi de ce qui ne convient pas. C'est très positif, une belle transformation est en route !

✷ Chakra : cœur
✷ Cristal : citrine
✷ Animal : vache
✷ Élément : terre
✷ Énergie : soleil

Juillet à septembre

Retour au calme ✱ Régénération ✱ Harmonie

Légèreté, calme, apaisement… Voilà ce qui t'attend pour ce trimestre. Les obstacles imaginaires ou réels dressés sur ton chemin jusqu'à présent s'effacent pour un retour à la sérénité ! Sache que tu es très protégé·e, donc lâche prise, accueille ces bonnes énergies et abandonne la négativité. Les mois à venir t'apporteront célébrations, opportunités et équilibre. Savoure !

Sentimental

En couple

Ta relation connaît une régénération. Quelque chose se remet en place. L'issue est positive, il y aura un retour au calme s'il y avait des tensions ou des disputes. L'apaisement est proche. Attention, car tu as tendance à trop te focaliser sur ton ou ta partenaire et à te reléguer au second plan. Nous t'invitons à prendre du temps pour toi et à prendre soin de toi. Si tu ne le fais pas, cela pourra générer des choses négatives dans la relation, alors n'oublie de penser à tes besoins.

Célibataire

Tu es très entouré·e et épaulé·e, ces derniers temps, ce qui t'a permis d'aller au-delà de tes craintes et blocages. Tu as clôturé un cycle et tu es maintenant parfaitement aligné·e avec ce que tu souhaites. Tu vas pouvoir accueillir l'harmonie et l'acceptation de toi-même. La prochaine étape ? Une jolie rencontre...

Professionnel

De belles opportunités vont se présenter à toi ! Nous te conseillons de communiquer au maximum avec ton entourage, afin de donner l'impulsion nécessaire à ces opportunités nouvelles dans ta vie professionnelle.

✷ Chakra : troisième œil
✷ Cristal : œil-de-tigre
✷ Animal : crabe
✷ Élément : feu
✷ Énergie : lune

Octobre à décembre

Nouveau départ ✷ Protection ✷ Extériorisation

En cette fin d'année, quelque chose de nouveau débute, découvertes et transformations positives seront les mots-clés. Des projets en lien avec la création vont se mettre en place. Cela va être très dynamique, il y a une récolte, de la lumière, c'est positif, mais n'oublie pas de prendre soin de toi, de t'écouter et surtout de ne pas t'oublier dans ce tourbillon de nouveautés.

Sentimental

En couple

De nouveau, on constate un déséquilibre dans la relation, comme si tu ne te laissais pas assez de place pour être toi, pour exprimer et extérioriser tes émotions. Ton ou ta partenaire ne donne pas la même énergie et, en ce sens, nous t'invitons à prendre une décision. Il y aura, pour certain·es, une séparation inévitable, pour d'autres une prise de conscience qui engendrera des changements positifs et un nouveau souffle !

Célibataire

Peut-être as-tu été déçu·e par une personne récemment rencontrée. Une personne dont les actes n'allaient pas avec les mots. Tu as pu te sentir berné·e, piégé·e, et cela génère beaucoup d'amertume, des émotions qu'il va te falloir libérer et extérioriser ! Le fait de les laisser sortir n'est pas un acte de faiblesse, bien au contraire. Tu as besoin de passer par là pour mieux appréhender la nouvelle page à venir. Courage !

Professionnel

Tu as besoin de rester concentré·e sur toi, sur tes objectifs et de ne pas te laisser influencer ou perturber par les énergies, attentes ou promesses des autres. Protège-toi, visualise-toi dans une bulle et ne laisse pas n'importe qui y rentrer. C'est en instaurant cet espace de protection que tu pourras retrouver de la stabilité dans ta vie professionnelle. Les échanges n'en seront que plus sains, les rapports plus enrichissants.

- Chakra : troisième œil
- Cristal : œil-de-tigre
- Animal : baleine
- Élément : terre
- Énergie : lune

EXERCICES

Ton bilan 2022

Débuter une nouvelle année peut être le meilleur moment pour se débarrasser de vieux bagages, et ouvrir un nouveau chapitre de ta vie. C'est pourquoi nous t'avons concocté de nombreux exercices pour t'accompagner tout au long de l'année, à ton rythme et en complément des conseils donnés dans les guidances.

Pour commencer, nous te proposons de faire le bilan de ton année écoulée.

Comment te sens-tu actuellement dans ta vie de manière générale ?

....

....

....

Te sens-tu aligné·e avec toi-même, en accord avec tes pensées, tes paroles et tes actes ?

....

....

Ressens-tu de la joie, de la gratitude vis-à-vis de l'année écoulée ?

....

Quels sont les enseignements que t'a apportés 2022 ?

....

....

....

....

Quels sont les domaines de ta vie qui nécessitent selon toi des changements importants (sentimental, relationnel, professionnel, familial, sanitaire, spirituel...) ?

....

....

Qu'aimerais-tu mettre en place pour cette nouvelle année (objectifs, changements, désirs...) ?

....

....

....

....

Tu peux effectuer ce bilan tous les ans, tous les trimestres ou même tous les mois. Il te permettra de faire le point sur ta situation et d'être plus à l'écoute de ton âme.

Tu peux également le réaliser sous forme de *vision board* (ou tableau de visualisation), en imprimant et en collant les images de ton choix dans le cadre qui suit. Par exemple, en collant une photo de la maison de tes rêves, des objets que tu souhaites te procurer, de tes envies déco, etc.

Ton vision board

Test : de quoi as-tu besoin pour 2023 ?

Voici un test qui te permettra de cibler tes besoins du moment, afin de t'orienter parmi les exercices à suivre et de choisir ceux qui te conviennent le mieux.

C'est parti !

Je me sens mal, je sors d'une relation toxique, j'ai du mal à tourner la page.

0 Pas du tout.
1 Je me reconnais un peu.
2 C'est exactement moi.

Si tu as au moins 1 point, nous te conseillons de réaliser les exercices suivants :

- les bonhommes allumettes (p. 163) ;
- le pardon (p. 183) ;
- la libération (p. 193).

Je traverse une phase compliquée, je me sens perdu·e, j'ai peur de manquer au niveau financier.

⓿ Pas du tout.

❶ Je me reconnais un peu.

❷ C'est exactement moi.

Si tu as au moins 1 point, nous te conseillons de réaliser les exercices suivants :

✱ la gratitude (p. 161) ;
✱ la lettre (p. 185).

Je manque de confiance en moi, je ne m'aime pas, je suis bloqué·e.

⓿ Pas du tout.

❶ Je me reconnais un peu.

❷ C'est exactement moi.

Si tu as au moins 1 point, nous te conseillons de réaliser les exercices suivants :

✱ les affirmations positives (p. 156) ;
✱ la confiance en soi (p. 159) ;
✱ les petits pas (p. 166).

J'ai besoin de temps pour moi, je passe souvent au second plan, je suis stressé·e.

⓿ Pas du tout.

❶ Je me reconnais un peu.

❷ C'est exactement moi.

Si tu as au moins 1 point, nous te conseillons de réaliser les rituels suivants :

- les fréquences (p. 191) ;
- le bain sacré (p. 196).

J'ai du mal à lâcher prise et à être connecté·e à mon intuition…

0 Pas du tout.
1 Je me reconnais un peu.
2 C'est exactement moi.

Si tu as au moins 1 point, nous te conseillons de réaliser les exercices suivants :

- technique d'ancrage (p. 181) ;
- l'intuition (p. 187) ;
- techniques d'ancrages à la nature (p. 189).

Pssst, un petit message, ça te dit ? Alors, choisis un chiffre entre 1 et 5 et rendez-vous en page 165…

Affirmations positives pour te rebooster et te libérer

Qu'est-ce qu'une affirmation positive ? Il s'agit d'une phrase courte que tu peux utiliser dans le but de reprogrammer ton subconscient. Elle envoie un message à ton esprit pour diriger tes pensées vers la concrétisation de tes objectifs.

On parle souvent de l'impact négatif des mots sur notre corps physique, par exemple, si tu as tendance à toujours répéter « j'en ai plein le dos », tu pourras développer des tensions, voire des douleurs musculaires. De même, si tu as tendance à répéter que rien ne va dans ta vie, les choses risquent sans doute de stagner. Mais bonne nouvelle : l'inverse est également vrai. Tu peux décider d'inverser cette fâcheuse habitude et de remplacer toutes ces pensées et paroles négatives par des positives. En affirmant de façon répétée certaines phrases positives, elles finiront par déclencher des changements et des transformations dans ta vie. Mais ceci prend du temps et demande conviction et investissement.

Tu peux trouver des phrases déjà faites et qui vibrent en toi, ou simplement créer les tiennes. Cependant, il faut quand même respecter quelques règles :

- écris ton affirmation au présent, de manière à ce que ton subconscient pense qu'elle est déjà ancrée en toi ;
- comme son nom l'indique, l'affirmation doit être positive et donc ne comporter aucune négation. Au lieu de « je n'ai plus peur du changement », utilise « je suis serein·e face au changement », ou bien encore « je me libère de la peur qui empêche le changement dans ma vie ».

Comment utiliser ces affirmations positives ?

- Tu peux penser, lire, écrire, réciter ou même chanter une affirmation positive.
- Le matin, au réveil, prends un petit carnet et note ton affirmation pour qu'elle vibre en toi toute la journée.
- Le soir, avant de dormir, tu peux la noter sur un petit bout de papier que tu glisseras sous ton oreiller afin de t'imprégner durant la nuit de son énergie.
- Tu peux aussi la répéter dans la douche, à plusieurs reprises, avec conviction et entrain. Imagine que l'eau nettoie les peurs et les pensées négatives pour les laisser s'en aller, emportées dans le siphon. Imagine également que l'eau qui coule te remplit de cette vibration nouvelle.
- Tu peux méditer avec un fond de musique douce sur ton affirmation. Répète-la, sens comment elle vibre en toi, imagine qu'elle est déjà ancrée en toi.

Voici quelques exemples d'affirmations positives à te répéter pour accueillir sereinement le changement dans ta vie.

- J'accueille et accepte le changement dans ma vie.
- Tout ce qui se présente dans ma vie est bon et bénéfique pour moi.
- Je lâche prise sur ce qui est hors de mon contrôle.
- Chaque jour, j'attire de nouvelles opportunités à moi.
- Je me libère de ce qui m'empêche d'avancer.
- Je m'ouvre à cet équilibre juste et bon pour moi.
- Je suis prêt·e pour le renouveau qui m'attend.

Tes affirmations positives

....

....

....

....

....

....

....

« C'est la répétition d'affirmations qui mène à la croyance. Et ce que tu crois devient une conviction profonde. Les choses commencent alors à se réaliser. »

Mohamed Ali

Confiance en soi : t'aimer et te donner de l'amour

Tu n'as aucune raison de ne pas t'aimer ou de te sous-estimer ; c'est ce que nous aimerions te rappeler dans cet exercice. Ton entourage, tes amis, ton ou ta partenaire ont bien des défauts, non ? Cela t'empêche-t-il pour autant de les aimer ? Alors pourquoi ne parviens-tu pas à faire preuve de la même indulgence envers toi-même ?

Cela te prendra peut-être du temps, mais crois-nous, c'est une démarche très importante. Voici quelques pistes pour travailler sur ce point.

Quelles sont les choses qui te font tomber amoureux·se ou apprécier une personne ? Est-ce que ce sont les câlins, les attentions, les compliments ? Ou plutôt des activités que vous partagez ensemble ? Prends bien ton temps, il n'y a pas de mauvaise réponse.

....

....

....

....

En comprenant ce que tu aimes recevoir des autres, tu comprendras ce que tu devrais d'abord t'apporter à toi-même.

Admettons que ce que tu aimes le plus chez l'autre, c'est qu'il ou elle te fasse des compliments. Installe-toi devant ton miroir, observe-toi, et complimente tout ce que tu aimerais que l'on remarque et admire chez toi.

Si tu aimes recevoir des cadeaux, eh bien, file t'acheter ce petit sac tout mimi qui irait super bien avec ta tenue préférée. Pourquoi ne pas l'emballer et t'écrire une jolie carte avec ?

Si tu aimes que l'autre te surprenne, alors fais-en de même avec toi. Surprends-toi et inscris-toi à un cours de yoga, de méditation ou de langue étrangère pour sortir de ta zone de confort.

Tu l'auras compris, tout part de l'intérieur. N'attends pas des autres qu'ils t'apportent ce que tu ne t'apportes pas toi-même. Travaille sur au moins trois points que tu auras mentionnés ici.

Quelles actions vas-tu mettre en place pour prendre soin de toi ?

....

....

....

....

....

....

La gratitude : prendre conscience de toutes les belles choses dans ta vie

Exprimer sa gratitude peut être un exercice très important lorsque l'on sent que l'on tourne en rond, que l'on perd notre motivation ou que l'on ne trouve plus de solutions à nos problèmes. Lorsque l'on se focalise uniquement sur le négatif, on oublie toutes les choses que l'on considère comme acquises, mais qui sont pourtant importantes et vitales. La gratitude permet d'augmenter considérablement notre optimisme et notre positivité. On concentre ainsi notre énergie sur ce qui va bien, au lieu de broyer du noir à cause de ce qui ne va pas.

Comment faire ?

Tu peux exprimer ta gratitude à peu près tout le temps et partout de la manière que tu veux. Voici quelques exemples d'expressions de gratitude et de formulations :

- je suis reconnaissant·e d'être en bonne santé ;
- merci pour mon entourage bienveillant ;
- je remercie l'Univers pour l'abondance dans ma vie.

Tout comme pour les affirmations positives, formule-les au présent, sans recourir à aucune forme de négation.

À présent que tu sais rédiger et exprimer ta gratitude, nous te proposons un petit exercice.

Note ci-dessous toutes les choses qui te font éprouver de la reconnaissance. Si les mots ne te viennent pas tout de suite, tu peux commencer par exprimer ta gratitude pour le toit qui se trouve sur ta tête ou pour l'argent qui te permet de manger et de subvenir à tes besoins élémentaires, voire secondaires.

....

....

....

....

....

....

....

Après avoir rédigé tes gratitudes, imprègne-toi de celles-ci. Ressens la joie que cela te procure.

N'hésite pas à mettre un petit marque-page pour pouvoir relire ces précieux mots le plus souvent possible, dès lors que tu en ressens le besoin ! Nous te le conseillons particulièrement dans les moments compliqués, afin de pouvoir relativiser et de retrouver de la légèreté face à certaines situations.

Les bonhommes allumettes : couper les liens toxiques avec une personne ou une situation

Parfois, le simple fait de prendre conscience d'une blessure ne suffit pas complètement à la guérir. C'est pourquoi nous te proposons un petit exercice rapide pour t'aider.

Les « bonhommes allumettes » est un exercice créé par Jacques Martel en 1993, qui te permettra de couper symboliquement tous les liens toxiques que tu entretiens avec une personne ou une situation particulière. Comme tu le sais, l'écriture peut se révéler libératrice, et c'est sur ce principe que fonctionne ce rituel.

- Dessine un petit bonhomme qui te représente et inscris dessous ton prénom et ton nom.
- À ta droite, dessine un rectangle et notes-y ton intention (par exemple, « me libérer de ma blessure d'abandon »). Si tu souhaites te libérer d'une relation avec une personne en particulier, dessine un autre petit

bonhomme. N'oublie pas d'indiquer également ses nom et prénom.

- Crée un cercle autour du bonhomme qui te représente et trace des petits traits tout autour (comme un soleil), pour symboliser le fait que tu désires le meilleur pour toi.
- Fais de même autour du rectangle ou de l'autre petit bonhomme.
- Ensuite, entoure les deux cercles d'un rond en te souhaitant, à nouveau, le meilleur dans cette situation. Tu peux également le souhaiter le meilleur à la personne qui t'accompagne dans cet exercice.
- Relie ensuite chaque chakra (tu peux utiliser des couleurs si tu le veux).
- Une fois les chakras reliés, munis-toi d'une paire de ciseaux et découpe pile au milieu des lignes en imaginant te libérer de ta blessure.

Tu peux faire ce que tu veux des papiers ensuite, ce n'est pas réellement important : les jeter à la poubelle, aux toilettes, les brûler... Fais ce qui te parle le plus.

Ton message personnalisé

1. Gaïa t'offre la guérison, tu as une puissante connexion avec la terre, alors n'hésite pas à passer du temps en pleine nature pour t'ancrer profondément. Prends soin de toi et accueille cette nouvelle ère.

2. La renaissance est à ta porte ! Un changement imminent va se présenter à toi très prochainement. Tu as vraiment besoin de te défaire de vieilles habitudes et de schémas devenus obsolètes. Tu vas pouvoir avancer avec plus de légèreté et d'insouciance !

3. Tu devrais sans doute prendre du recul et être plus à l'écoute des signes et des synchronicités que tu as pu recevoir ces derniers temps. Cela va t'aider à développer ton intuition. Crois en toi !

4. Petit avertissement : attention à ne pas te précipiter ou t'engager dans quelque chose sans prendre le temps de la réflexion. Quelqu'un va certainement te venir en aide, alors, patience… Le moment sera bientôt plus propice au passage à l'action.

5. Après les nuages et l'obscurité, voici l'arrivée d'un radieux soleil qui t'apporte clarté et évolution. Prépare-toi à accueillir de bonnes nouvelles et à saisir les opportunités qui vont se présenter à toi. Il est temps de savourer !

Les petits pas : avancer en direction de tes objectifs

On peut avoir tendance à attendre le changement sans forcément agir en ce sens, et comme nous aimons à le répéter, l'Univers ne voit que les actes.

Tu as peut-être déjà un objectif et tu te dis : « On verra bien, je m'en fiche, ça viendra quand ça viendra. » En réalité, tu envoies un message contradictoire à l'Univers. Si tu ne fais rien pour atteindre ton objectif, croire dur comme fer que tu y parviendras ne suffira pas.

Tu l'auras compris, il est temps pour toi de poser des actes et de faire, petit pas par petit pas, un bond dans la bonne direction. On a tendance à croire qu'un tout petit pas ne changera pas grand-chose, mais détrompe-toi, ce petit pas peut se révéler le plus grand de toute ta vie.

Admettons que ton objectif est de t'offrir une belle voiture.

- Visualise cet objectif. Pourquoi est-il si important pour toi ? Que ressens-tu quand tu te visualises au volant de ton véhicule ?

* Combien te faut-il pour l'acheter ? Fais tes calculs et mesure combien de temps et quels efforts il te faudra fournir pour l'obtenir.

Maintenant que tu as réfléchi à tout cela et que ton objectif est un peu plus clair, demande-toi quel devrait être le premier pas dans cette direction. Cela peut être le simple fait de noter « Ma voiture » dans les économies que tu comptes faire. Si tu n'as pas encore de travail, ton premier pas pourrait être de refaire ton curriculum vitae ou de commencer par délimiter tes domaines de recherches.

En réalité, il n'existe pas de petit ou de grand pas. C'est l'importance qu'on leur donne qui les rend significatifs ou non. Un pas est un pas tant qu'il est initié dans la bonne direction.

Maintenant que tu as compris le principe, sur quel(s) objectif(s) vas-tu concentrer ton attention pour cette année ?

Mes objectifs pour 2023

Quels sont tes objectifs pour 2023 ?

....

....

....

....

....

....

....

Quelles émotions ressens-tu en visualisant ton ou tes objectifs atteints ?

....

....

....

....

....

Quel délai te fixes-tu pour les atteindre ?

....

....

....

....

....

Quels sont les petits pas que tu peux effectuer pour les atteindre ?

....

....

....

....

....

Activités spirituelles saisonnières

Parce que nous voulons que cette année 2023 soit exceptionnelle pour toi, nous t'avons concocté un petit agenda d'activités spirituelles à effectuer tout au long de l'année en fonction des différentes saisons.

Printemps

- Visiter des lieux énergétiques.
- Créer un attrape-rêves.
- Faire une retraite spirituelle.
- Ramasser les plumes des oiseaux.
- Faire un nettoyage de printemps.
- Cueillir des fleurs pour un bouquet ou pour les faire sécher afin de créer des produits naturels.

Fêtes

- Imbolc (voir p. 176)
- Ostara, l'équinoxe du printemps (voir p. 177)
- Beltane, la fête du printemps (voir p. 177)

Quelques hauts lieux vibratoires en France

- La forêt de Brocéliande
- Les alignements de Carnac

* La grotte de Massabielle à Lourdes
* Le château de Quéribus
* Le Mont-Saint-Michel

Et en Suisse

* Arbres géants et centenaires de Derborence
* Église Saint-Pierre-de-Clages
* Abbaye de Romainmôtier
* Lac de Seeberg
* Cascade de Jaun

Nettoyage à la sauge

Qui dit printemps, dit nettoyage ! C'est pourquoi nous te proposons ici d'éliminer toutes les énergies accumulées des derniers mois grâce à un nettoyage de ton intérieur à la sauge.

Munis-toi d'un bâtonnet ou de feuilles séchées de sauge. Ouvre toutes tes fenêtres, tiroirs, armoires... Choisis l'intention à te répéter durant toute la durée de la purification, puis fais le tour de chaque pièce. Tu peux prendre une plume pour répandre la fumée de haut en bas de tes murs en insistant sur les angles. Visualise la fumée qui s'échappe par les fenêtres, en imaginant que c'est la négativité qui part. Tu peux bien évidemment demander à tes guides de t'accompagner durant ce rituel, sans oublier de les remercier à la fin.

Été

* S'ancrer à la mer ou près d'un lac pour profiter des bienfaits de l'eau.

- Ramasser des coquillages et créer des décorations pour la maison.
- Partir en vacances dans une région réputée pour sa spiritualité.
- Recharger énergétiquement ses batteries au soleil.

Fêtes

- Litha, le solstice d'été (voir p. 178)
- Lughnasadh (voir p. 178)

Destinations spirituelles

- Uluru (Australie)
- Chiang Maï (Thaïlande)
- Varanasi (Inde)
- Es Vedra (Espagne)
- Sedona (États-Unis)
- Borobudur (Indonésie)
- Jérusalem (Israël)
- Rome (Italie)
- Bali (Indonésie)
- Lourdes (France)
- Saint Augustine (États-Unis)

Ancrage à la mer

Comment joindre l'utile à l'agréable ? En effectuant un ancrage pendant une séance de bronzette à la plage, pardi !

Installe-toi confortablement sur le sable. Respire tranquillement au rythme du son des vagues. Laisse-toi guider par ce qui t'entoure, la sensation du sable chaud sous ton corps ou tes pieds, le va-et-vient des vagues, le chant des mouettes. Tu es à présent bien ancré·e dans l'instant présent, et tu n'as plus qu'à profiter de cette sensation.

Automne

- ✱ Se balader en forêt pour admirer la beauté et la diversité des couleurs automnales.
- ✱ Créer une décoration automnale avec les cadeaux de la nature.
- ✱ Décorer sa maison dans une ambiance spooky.
- ✱ Prendre une période de pause et d'introspection.

Fêtes

- ✱ Mabon, l'équinoxe d'automne (voir p. 179)
- ✱ Samhain (voir p. 179)

Activités pour Samhain

Samhain (ou Halloween) est un des sabbats les plus importants du calendrier wiccane. C'est pourquoi nous tenons à te proposer quelques activités à effectuer à l'occasion de cette fête :

- ✱ créer un autel ;
- ✱ écrire une lettre à ses défunts ;
- ✱ brûler une liste de ce dont on veut se libérer ;
- ✱ se tirer les cartes ;
- ✱ s'oxygéner en forêt ;
- ✱ organiser un repas de famille pour se remémorer de bons souvenirs ;
- ✱ regarder des films à plusieurs ;
- ✱ aller recueillir des bonbons avec ses enfants ;
- ✱ faire des recettes spéciales de saison.

Recette de tisane de saison

Que dirais-tu d'une bonne tisane de saison pour profiter au mieux de l'ambiance d'automne ? Pour cela, il te faudra les ingrédients suivants :

✷ 1 c. à café de thym frais ;
✷ 1 c. à café d'armoise séchée ;
✷ 1 c. à café de fleur d'oranger ;
✷ 1 bâton de cannelle ;
✷ 2 clous de girofle ;
✷ 1 feuille de laurier ;
✷ du miel pour sucrer selon ton goût.

Porte l'eau à ébullition.

Place tous les ingrédients (sauf le miel) dans une théière.

Verse l'eau bouillante et laisse infuser 5 minutes.

Sucre à ton goût avec le miel, et voilà, ta tisane est prête !

Hiver

✷ Prendre un bain de sorcière.
✷ Décorer sa maison dans l'esprit de Noël.
✷ Passer des moments en famille.
✷ Faire une thérapie naturelle pour se préparer pour les mois froids et sombres.
✷ Créer une ambiance cocooning pour se sentir bien.

Fêtes

Yule (voir p. 180)

Activités pour Yule

Nous te proposons ici quelques activités que tu pourras effectuer pour célébrer Yule :

- créer une ambiance avec des bougies ou un feu de cheminée pour honorer la lumière ;
- purifier et nettoyer la maison pour se préparer à la renaissance ;
- installer une guirlande de houx à l'entrée ;
- préparer un festin en famille ;
- procrastiner et prendre du temps pour soi.

Quelques huiles essentielles de saison

Rien de tel qu'un bon diffuseur et des huiles essentielles pour se sentir bien chez soi et faire fuir les microbes. Voici nos préférées :

- HE Ravintsara
- HE Eucalyptus
- HE Origan vert de Provence
- HE Thym à Thymol
- HE Cyprès
- HE Citron
- HE Tea Tree
- HE Niaouli
- HE Menthe poivrée

Calendrier wicanne : révèle la sorcière qui est en toi !

Afin que le monde des sorcières n'ait plus de secrets pour toi, nous tenions à t'expliquer les différentes fêtes (ou sabbats) du calendrier wiccane.

Imbolc (1er-2 février)

Imbolc symbolise l'arrivée de la saison fertile et de la renaissance. On célèbre la fin de la période lourde et sombre de l'hiver pour faire place à la lumière de l'arrivée prochaine du printemps. À cette époque de l'année, on peut déjà voir apparaître de jolis petits bourgeons de fleurs.

Les herbes d'Imbolc :

- la bardane pour harmoniser son énergie vitale ;
- le perce-neige pour symboliser l'arrivée imminente du printemps.

Ostara (21 mars)

Ostara célèbre l'équinoxe du printemps. La lumière peut maintenant prendre autant de place que l'obscurité et instaure donc un nouvel équilibre dans nos vies. Qui dit printemps, dit aussi naissance. En effet, il s'agit d'une période propice à la fertilité. Nous aimons particulièrement profiter de ce moment de l'année pour planter nos graines en vue d'une future récolte (au sens propre comme au figuré !).

Les herbes d'Ostara :

- le basilic pour célébrer la période des amours ;
- le jasmin pour accueillir la lumière du printemps et cette douce saison de floraisons.

Beltane (30 avril-1er mai)

Beltane est la troisième fête du printemps sur la roue wiccane. On y célèbre l'union, l'amour, la conception et les enfants. La tradition veut que les couples passent au-dessus du feu de Beltane pour concrétiser et sceller leur amour, tout comme on le faisait avec le bétail, que l'on faisait autrefois passer sur les braises pour favoriser leur fertilité. On parle ici de l'amour entre deux êtres, mais il va de soi que Beltane représente également l'amour que l'on se porte à soi-même. C'est un moment propice pour dire et se dire « je t'aime ».

Les herbes de Beltane :

- l'ylang-ylang pour ses vertus aphrodisiaques ;
- la violette pour la protection, la paix et l'amour de soi.

Litha (21 juin)

Litha représente le solstice de l'été. Il s'agit du plus long jour de l'année durant lequel le soleil atteint son zénith. On célèbre ici l'abondance, la prospérité et la victoire de la lumière. C'est le moment idéal pour créer des rituels afin d'attirer à soi la chance, la guérison et l'équilibre.

Les herbes de Litha :

- la tulipe pour attirer la prospérité et l'abondance dans sa vie ;
- la camomille pour sa vibration chaleureuse et réconfortante.

Lughnasadh (1er août)

Cette fête au nom quasi imprononçable symbolise la première fête de la moisson. On peut d'ailleurs aussi l'appeler « Lammas ». Traditionnellement, on décide de mettre les récoltes à l'abri avant l'arrivée du mauvais temps en invoquant Lugh, dieu de la lumière et du soleil, pour s'assurer protection et bienveillance. Une activité très reliée à cette fête est la préparation de pains que l'on mangera ou que l'on jettera au feu comme offrande aux dieux et déesses de la moisson.

Les herbes de Lughnasadh :

- le chêne symbolisant l'ancrage à la terre et à la force intérieure ;
- l'avoine pour l'équilibre et la santé.

Mabon (21 septembre)

On célèbre ici l'équinoxe d'automne, une fête pour remercier la terre. Traditionnellement, on versait du cidre, du vin ou du jus de pomme sur le sol, en guise d'offrandes. C'est un moment très convivial durant lequel on se retrouve tous ensemble pour festoyer et préparer l'arrivée de l'hiver. Une date à retenir pour profiter d'un bon repas entre amis ou en famille.

Les herbes de Mabon :

- le benjoin pour la purification spirituelle, et pour apporter sérénité et réconfort ;
- le chèvrefeuille pour l'équilibre et le bien-être personnels.

Samhain (31 octobre-1er novembre)

Samhain est connu comme le nouvel an des sorcières. Il s'agit d'une fête ancestrale se déroulant pendant la période la plus chargée et la plus mystique de l'année. C'est une période propice aux communications avec l'au-delà puisque l'on dit que le voile entre le monde des morts et celui des vivants est très fin. Tu peux profiter de cette période magique pour créer de petits rituels. Par exemple, nous attachons beaucoup d'importance à honorer nos défunts, et pour cela, nous aimons préparer un petit autel avec leurs photos, des bougies blanches, de l'encens, mais aussi, pourquoi pas, quelques fleurs séchées ou autres cristaux. C'est aussi le moment idéal pour révéler la sorcière qui sommeille à l'intérieur de toi, n'hésite pas à essayer la divination, à noter tes vœux dans un joli grimoire, à faire des prières ou à te recueillir. Libre à toi de développer ou non cette facette-là de ton être.

Les herbes de Samhain :

- le romarin apporte chance et protège la maison ; on peut aussi l'utiliser pour rendre hommage à ses défunts (parfait à disposer sur un autel) ;
- la sauge blanche purifie l'air et apaise les énergies parfois lourdes en cette période de l'année.

Yule (21 décembre)

Durant la fête de Yule, nous entrons dans l'énergie de l'hiver. C'est le moment de prendre du temps pour soi et avec ses proches, afin de mieux renaître. À l'arrivée des beaux jours, on se retrouve tous ensemble, on fait pénétrer la lumière dans nos chaumières, on partage des moments conviviaux et chaleureux autour d'un bon repas ou d'une tasse de thé réconfortante. C'est aussi le moment de sortir le plaid et de se cocooner !

Les herbes de Yule :

- l'encens pour purifier les énergies et insuffler une ambiance plus chaleureuse ;
- le célèbre houx pour agir tel un talisman protecteur sur son foyer.

Techniques d'ancrage : te connecter à l'instant présent

L'ancrage représente la connexion que l'on entretient avec la terre et la vie en général. Tu es ancré·e si tu es pleinement connecté·e à l'instant présent, tel un arbre enraciné dans le sol. C'est aussi un moyen d'être davantage en connexion avec ton intuition et de laisser de côté l'intellect.

Pour cet exercice, nous t'invitons à t'installer dans un environnement qui te parle et t'apaise. Cela peut être au bord de l'eau, en forêt, dans ton jardin, sur ton balcon ou tout simplement dans ta chambre. L'idée est que tu puisses te sentir à l'aise et en paix !

Tu peux t'asseoir ou rester debout, le tout est d'avoir les pieds bien ancrés dans le sol.

Ferme les yeux, respire profondément en prenant pleine conscience de ton corps. Laisse venir à toi les sensations qui te parcourent sans chercher à les interpréter. Ensuite, imagine des racines partant du sol, en profondeur, remontant depuis tes pieds... Ces racines remontent le long de tes jambes pour aller rejoindre ton cœur. Sens que tu es là, ici et maintenant, connecté·e à ces racines, à cette terre. Tu peux peut-être également sentir des picotements, de la lourdeur, de la chaleur. Connecte-toi à ces sensations pour les amplifier.

Tu peux dire à haute voix ou dans ta tête une petite phrase pour terminer en beauté ce petit rituel, comme par exemple : « Je suis profondément ancré·e ici et maintenant. »

Le pardon : te libérer, tourner la page et avancer

Le pardon est un exercice très difficile, mais c'est certainement l'un des plus libérateurs. Nous te proposons ici un exercice qui te permettra de laisser s'envoler les rancœurs et de faire place à une énergie bien plus forte, celle de l'amour inconditionnel.

Prends une feuille et note le prénom de la personne à qui tu as du mal à pardonner. Tu peux le faire avec une situation, également, ou avec toi-même si tu t'en veux pour quelque chose.

Écris à cette personne une lettre que tu n'enverras jamais, mais qui te permettra d'exprimer toutes les choses que tu n'as peut-être jamais su ou pu dire.

Tu as le droit de dire tout ce qui te passe par la tête, l'idée étant de poser sur papier le poids de tes peines pour réussir à t'en libérer enfin.

À la fin, écris : « Aujourd'hui, je te pardonne. Merci pour les leçons de vie que tu m'as apprises. Je t'aime. »

Tu pourras faire ce que tu souhaites de la feuille, la jeter, la brûler ou même la conserver. Fais ce qui te semble juste et bon pour toi.

La lettre : projection positive de tes souhaits et objectifs

Cet exercice te permettra de réaliser une visualisation positive et de vibrer, afin que tes désirs et objectifs se réalisent.

Pour cela, rédige une lettre que tu dateras en te projetant dans cinq ans. Par exemple, si tu fais l'exercice le 1er janvier 2023, tu dateras ta lettre au 1er janvier 2028 !

Tu peux adresser cette lettre à la personne de ton choix (proche, ami·e, connaissance...).

Note absolument toutes les choses que tu souhaites réaliser dans l'intervalle, tes projets, envies, etc. N'oublie pas de rédiger cette lettre au présent, comme si les événements s'étaient déjà produits !

Rédige ta lettre en conscience, en visualisant les sensations que cela pourrait procurer en toi. Par exemple, si ton rêve est d'acheter une maison, tu pourrais formuler cela de la manière suivante : « J'habite dans une belle et grande maison dans laquelle je me sens très bien. »

Garde précieusement ta lettre pour la relire cinq ans plus tard (ou même plus tôt), afin de constater le chemin parcouru.

L'intuition : apprendre à écouter ta petite voix intérieure

L'intuition est une forme d'écoute et de connaissance de soi qui ne requiert pas de raisonnement. Il s'agit plutôt d'écouter ce que le corps veut nous dire à travers des sensations ou un simple ressenti particulier. L'intuition est différente du mental qui, lui, est pollué par les peurs et les doutes. Plus tu développes ton intuition, plus tu apprends à écouter cette petite voix bienveillante à l'intérieur de toi. C'est aussi très important dans le développement de la confiance et de l'amour de soi.

En développant ton intuition, tu seras plus à même de prendre des décisions en accord avec toi et non pas dirigées par tes peurs. Tu vivras dès lors des relations de confiance avec toi comme avec les autres.

Voici un petit exercice pour développer ton intuition.

Munis-toi d'un jeu de cartes.

Mélange-les, puis demande-toi si la carte du dessus du paquet est noire ou rouge. Effectue cet exercice en conscience, en te connectant à tes ressentis. N'hésite pas à le faire plusieurs fois. Tu peux également ajouter un peu de difficulté en imaginant le symbole derrière cette carte (cœur, trèfle, etc.). L'idée est de t'entraîner à être plus à l'écoute de ta voix intérieure.

Maintenant que tu as compris le principe... quel est le symbole de la carte de la page 195 ?

Bien sûr, l'intuition ne se travaille pas uniquement avec des cartes, et tout n'est pas si simple que cela. Toutefois, tu peux la développer au quotidien par de petits exercices répétés. Et si tu passais une journée entière en pleine conscience et à l'écoute de tes ressentis ? Tu pourrais commencer par te demander : « Qu'ai-je envie de porter aujourd'hui ? Quelle couleur ? De quelle nourriture mon corps a-t-il besoin ? Quel chemin vais-je prendre pour aller au travail ? » Quand tu reçois un appel, essaie de deviner qui va apparaître sur ton écran de téléphone. Imagine quel courrier tu vas trouver dans ta boîte aux lettres. Les occasions quotidiennes de développer ton intuition sont multiples ! Plus tu laisseras ta petite voix intérieure s'exprimer, plus tu seras connecté·e avec elle et avec toi-même. Alors, il te sera de plus en plus simple de recourir à ton intuition.

Techniques d'ancrage à la nature : quand un besoin de calme et d'apaisement se fait ressentir...

La nature est riche en énergies positives, c'est l'endroit idéal pour se ressourcer, changer d'air ou rompre avec la routine quotidienne. Nous te proposons ici une petite méditation que tu pourras effectuer lors d'une balade en forêt, par exemple.

Assieds-toi sur une pierre ou au pied d'un arbre, dans un joli coin qui t'inspire.

Commence par prendre trois grandes respirations.

Sens l'air de la nature qui entre par tes narines et vient remplir tout ton corps.

Sens l'air qui ressort en emportant avec lui toutes les tensions et les tracas du quotidien.

Prends maintenant conscience de ton corps, du vent qui glisse à travers tes cheveux, qui vient caresser ton visage et tes bras.

Apprécie le chant des oiseaux, le bruit des feuilles au vent et le calme qui t'entoure.

Ferme les yeux.

Prends quelques secondes pour te concentrer sur ta respiration, puis sens tes pieds devenir de plus en plus lourds.

Visualise des racines sortant de tes pieds, venant s'enfoncer de plus en plus dans la terre. Tu fais maintenant corps avec le sol.

Les racines grandissent, encore et encore, jusqu'à arriver au noyau de la Terre, qu'elles entourent à présent.

Visualise une lumière rouge, qui vient remplir tes racines et remonter gentiment jusqu'à tes pieds.

La lumière longe à présent ton corps, de tes jambes à ton bassin, de ton ventre à tes épaules, jusqu'à ta tête et le sommet de ton crâne.

Prends trois grandes inspirations pour faire vibrer autour de toi cette énergie de la Terre.

Tu es à présent ancré·e et connecté·e avec les énergies authentiques de la Nature.

Les fréquences : retrouver un équilibre énergétique

Les fréquences énergétiques sacrées sont des outils très intéressants pour rééquilibrer tes chakras. On les trouve facilement sur YouTube, et nous t'invitons à en écouter régulièrement !

- Chakra racine : fréquence 396Hz (ancrage et connexion à l'instant présent).
- Chakra sacré : fréquence 417Hz (connexion à la créativité, au féminin sacré et à l'estime de soi).
- Chakra du plexus solaire : fréquence 528Hz (libération des angoisses et des peurs).
- Chakra du cœur : fréquence 639Hz (amour de soi, alignement et force intérieure).
- Chakra de la gorge : fréquence 741Hz (communication, expression de sa vérité et extériorisation).
- Chakra du troisième œil : fréquence 852Hz (connexion avec l'au-delà et capacités extra-sensorielles).

* Chakra couronne : fréquence 963Hz (connexion avec le moi supérieur, libération du mental, pleine conscience et intuition).

La libération : accéder à une nouvelle dimension ou à une renaissance

Nous t'invitons ici à te lâcher, à déposer le poids de tes peines et à te libérer de ce qui n'est plus important, de ce qui est devenu obsolète à tes yeux.

Tu peux ritualiser ce moment en préparant un petit espace sacré avec des bougies, de l'encens, de la sauge blanche, ainsi qu'une musique douce ou de relaxation.

Munis-toi de crayons ou stylos de couleurs, et utilise l'espace de la page suivante pour te décharger de tout ce qui te passe par l'esprit. Tu peux dessiner, gribouiller, écrire des mots ou les tracer, tout ce que tu veux, l'idée étant de te libérer de ce qui ne te convient plus : peurs, pensées négatives ou néfastes, émotions enfouies...

Fais-le en conscience et en ayant vraiment la volonté profonde de déposer ces bagages que tu portes !

Ta carte

Le bain sacré : un moment de pur bien-être

Il est temps de t'accorder un petit moment rien qu'à toi pour te décharger énergétiquement et te régénérer ! Pour cela, nous te proposons un bain énergétique.

Fais couler un bain chaud en y ajoutant un mélange magique composé de sel d'Epsom, de quelques gouttes d'huile essentielle d'ylang-ylang pour ses propriétés anti-stress et délassantes, de pétales de fleurs, ainsi que d'un peu d'huile végétale d'amande douce. Tu peux compléter cela en créant une ambiance qui te parle (cristaux, bougies, lumière tamisée…).

Immerge-toi, et profite de ce moment pour respirer et te détendre, en imaginant que l'eau te nettoie de tes peurs, de tes doutes et de tes blocages. Fais-en la demande en conscience à l'Univers, à tes guides ou êtres de lumière. Tu peux également faire un bon gommage de ta peau avec le sel d'Epsom pour renforcer ce nettoyage et te débarrasser de ce qui n'a plus d'importance dans ta vie.

Afin de te protéger des mauvaises énergies, des émotions des autres ou de la jalousie, nous t'invitons, dès que tu en ressentiras le besoin, à réaliser un exercice de visualisation positive.

Pour cela, il te suffit de t'installer dans un endroit calme dans lequel tu ne seras pas dérangé·e. Tu peux mettre de la musique apaisante et allumer une bougie.

Ferme les yeux, respire profondément et imagine un halo de lumière autour de toi, comme une lumière blanche qui formerait une bulle de protection. La bulle remplit tout ton corps et s'agrandit au rythme de tes respirations, jusqu'à t'entourer complètement. Tu es à présent en sécurité.

N'hésite pas à visualiser de nouveau ce halo protecteur dès que tu en ressens le besoin.

Ton bilan 2023

Clôturer une nouvelle année est toujours très symbolique et nous trouvons intéressant de pouvoir faire le bilan des étapes franchies pour toi en 2023, afin de te préparer au mieux à l'année 2024 et de réaliser tout le chemin parcouru...

Comment te sens-tu actuellement dans ta vie, de manière générale ?

....

....

....

Te sens-tu aligné·e avec toi-même ? En accord avec tes pensées, tes paroles et tes actes ?

....

Ressens-tu de la joie, de la gratitude pour cette année écoulée ? As-tu pu réaliser les objectifs que tu t'étais fixés ?

....

....

Quels sont les enseignements que t'a apportés 2023 ?

....

....

....

....

....

Quels sont les domaines de ta vie qui nécessitent encore des changements, selon toi (sentimental, relationnel, professionnel, familial, santé, spiritualité...) ?

....

....

....

....

....

Qu'aimerais-tu mettre en place pour l'année 2024 (objectifs, changements, désirs...) ?

....

....

....

....

....

Conclusion

Nous espérons de tout cœur que cet ouvrage t'a plu et t'accompagnera tout au long de l'année. De notre côté, nous avons pris énormément de plaisir à le penser, à l'écrire et à l'imager, afin qu'il te soit le plus agréable possible et simple à parcourir.

N'oublie pas de te laisser guider par ton intuition et de ne jamais cesser de croire en tes rêves, les plus petits comme les plus grands. Tu as la possibilité de tout créer, ton potentiel est infini.

Si tu souhaites poursuivre la découverte de nos univers, tu peux nous rejoindre sur nos comptes Instagram respectifs :

@amehypnotique & @lunivers_de_rossana

À bientôt pour de nouvelles aventures,

Cléa et Roxane

Mes notes

Mes notes

Mes notes

Mes notes

Mes notes

Dépôt légal : octobre 2022
Achevé d'imprimer par Books Factory en octobre 2022
Imprimé en France